Ernest van den Haag (Hrsg.)
Marktfeindschaft
warum?

pro-kontra

Zur politischen Ökonomie

Herausgeber
Kurt R. Leube · Wien
Albert H. Zlabinger · Jacksonville, FL/USA

Ernest van den Haag (Hrsg.)

Marktfeindschaft warum?

Autoren:
Peter Bauer
Lewis S. Feuer
Nathan Glazer
Ernest van den Haag
Stanley Rothman
Roger Starr
Dale Vree

Philosophia Verlag · München

CIP-Kurztitelaufnahme der Deutschen Bibliothek
van den Haag, Ernest:
Marktfeindschaft – warum?/Ernest van den Haag (Hrsg.)
Aus dem Amerikanischen von Sylvia Hofheinz
(pro – kontra)
Einheitssacht.: Capitalism, sources of hostility ‹dt.›
München: Philosophia, 1981. – 1. Auflage
ISBN 3-88405-019-2

Übersetzung aus dem Amerikanischen
von Sylvia Hofheinz
Titel der amerikanischen Originalausgabe
Capitalism: Sources Of Hostility

ISBN 3-88405-019-2

Gesamtherstellung Mohndruck Graphische Betriebe GmbH, Gütersloh
Printed in Germany 1981

Inhalt

Ernest van den Haag
Einleitung 7

Ernest van den Haag
Verwirrung, Neid, Furcht und Verlangen 15

Roger Starr
Kommentar zu ›Verwirrung, Neid, Furcht und Verlangen‹ 43

Peter Bauer
Die Marktfeindlichkeit in den weniger entwickelten Ländern 53

Nathan Glazer
Kommentar zu ›Die Marktfeindlichkeit in den weniger entwickelten Ländern‹ 83

Lewis S. Feuer
Einige irrationale Quellen der Opposition gegen die marktwirtschaftliche Ordnung 95

Dale Vree
Kommentar zu ›Einige irrationale Quellen der Opposition gegen die marktwirtschaftliche Ordnung‹ 139

Stanley Rothman
Der Kapitalismus und seine Feinde 159

Anmerkungen 193

Die Autoren 207

Einleitung

Immanuel Kant zufolge sollten die Geistesgestörten, oder, wie er damals sagte, die Gemütskranken, von Philosophen unterrichtet werden. Er begründete dies wie folgt: Die Geistesgestörten argumentieren fehlerhaft. Folglich sind Experten im schlüssigen Argumentieren am ehesten dazu in der Lage, ihnen zu helfen. Unter der Anleitung von Philosophen würde der Geistesgestörte lernen, logisch zu denken, und folglich rational werden.

Seit Kants Zeiten haben wir gelernt, daß ausgesprochen fehlerhaftes Argumentieren und ausgesprochen falsche Vorstellungen von der Wirklichkeit häufig lediglich Symptome für tieferliegende emotionale Probleme sind; dies gilt normalerweise dann, wenn die irrigen Vorstellungen und falschen Schlußfolgerungen sich faktischem Beweismaterial und Logik gegenüber als unzugänglich erweisen. In solchen Fällen sind unrichtige Argumente vor allem als Symptome anzusehen. Sie weichen richtigen Argumenten erst dann, wenn das durch das Symptom befriedigte emotionale Bedürfnis auf andere Weise gestillt und nicht mehr empfunden wird. Gegen Symptome, die auf emotionalen Bedürfnissen oder Störungen beruhen, läßt sich nicht mit Ermahnungen zu rationalem Denken oder der Berichtigung fehlerhafter Gedankengänge vorgehen. Gegenargumente fruchten ebensowenig wie eine geistige

Unterrichtung. Soviel ist inzwischen allgemein bekannt, wenn auch die ursächliche Bedeutung von Emotionen in der Theorie häufiger akzeptiert wird als in der Praxis.[1] Zumindest theoretisch halten wir es jetzt jedoch für wirkungsvoller, zu erforschen, was gestörte Personen zu bestimmten Denk- oder Verhaltensweisen veranlaßt, und die nichtrationalen Wurzeln ihrer Symptome aufzudekken, als sie einfach zu vernünftigem Handeln zu ermahnen oder zu versuchen, ihnen durch Argumente zu beweisen, wie vernunftwidrig oder wahnhaft sie sind. Liegt die Irrationalität oder die Störung offen zutage, ist sie nicht weit verbreitet oder kommt sie nicht im Gewande rationaler Argumente einher, so glauben wir nicht mehr an die Möglichkeit einer Heilung durch Argumente. Wir bitten die Philosophen nicht mehr, die Gemütskranken oder Geistesgestörten zu unterweisen. Über die Bedeutung von Emotionen herrscht Einigkeit — bisweilen in einem solchen Grade, daß die Rolle, die der Verstand spielen kann, herabgesetzt wird.

Haben wir es jedoch mit den weniger offen zutage liegenden und allgemeiner verbreiteten verzerrten Vorstellungen von der Wirklichkeit zu tun, befleißigen wir uns häufig einer rein rationalen Haltung und versäumen dabei, uns zu fragen, was intelligente Leute dazu veranlaßt, die Welt um sich herum so falsch zu beurteilen. Solche Leute — intelligente und überzeugte Nazis oder Kommunisten sind ein extremes Beispiel — brauchen offensichtlich nicht krank zu sein. Sie müssen nicht notwendigerweise leiden oder sich selbst täuschen. Ihre Fähigkeit, normal zu empfinden, zu argumentieren und sich zu verhalten, braucht nicht geringer zu sein als die anderer Leute. Und doch machen sie sich von einem großen Teil der gesellschaftlichen Wirklichkeit ein falsches Bild. (Ich denke dabei nicht an die Menschen in Gesellschaftsordnungen, in denen falsche Vorstellungen dieser Art fast zwangsläufig das Ergebnis ideologischer Schulung sind, sondern eher an die außerhalb solcher Systeme lebenden Personen.) Es muß ein Bedürfnis geben — ob wir es nun pathologisch nennen oder nicht —, das durch die falsche Vorstellung befriedigt wird, die so offensichtlich im Widerspruch zu leicht zugänglichem Wissen steht. Die falsche Vorstellung kann nicht berichtigt werden, solange das Bedürfnis nicht erkannt und befriedigt wird, ohne daß eine falsche Vorstellung von der Wirklichkeit entsteht.

Was hat all dies mit Gesellschaftstheorien und insbesondere mit der weitverbreiteten feindseligen Haltung gegenüber dem Markt zu tun, um die es den Verfassern der Beiträge zu diesem Buch geht? Im Zusammenhang mit sozialen, politischen oder wirtschaftlichen Ideen machen wir uns nur selten Gedanken darüber, welche emotionale Bedeutung sie für ihre Erfinder oder Anhänger haben. Ökonomen müssen sich bei ihrer Beschäftigung mit Gesellschaftspolitik mehr als andere den Vorwurf gefallen lassen, eine Kantsche Haltung fortzusetzen. Sie werden nicht müde, darauf zu verweisen, wie irrational die meisten gegen den Markt vorgebrachten Argumente sind — und sie argumentieren brillant gegen die verfehlten Versuche der Regierungen, die Kräfte des Marktes zu steuern. Nur selten stellen sie sich jedoch die Frage, warum ihre Argumente so wenig Einfluß haben, warum die von ihnen bekämpfte Politik weiter verfolgt wird und warum die von ihnen als falsch nachgewiesenen Ideen weiterhin so viele Leute in ihrem Bann halten. Ganz wie der sprichwörtliche Vogel Strauß neigen die Ökonomen dazu, ihren Kopf gegenüber den nichtrationalen Quellen der Marktfeindlichkeit in den Sand zu stecken.[2]

Wenn sich schon Kant irrte, so irren sich auch die Ökonomen, die irrationalen Ideologien mit rationalen Argumenten begegnen und sich so verhalten, als könne man irratio-

nale Pseudoargumente und Heilssehnsüchte erfolgreich mit sachlichen wirtschaftlichen Argumenten bekämpfen. Gewerkschaftsführer, Sozialisten, akademische Egalitaristen, Totalitaristen und Chiliasten, alle haben sie starke Gefühle in ihre Politik und Theorie investiert, wobei dieses emotionale Engagement erst ideologische und schließlich materielle Investitionen nach sich zieht. Sie sind durch keinerlei Argumente zu überzeugen, wie eindringlich diese auch nachweisen mögen, daß die von ihnen befürwortete Politik dem öffentlichen Interesse zuwiderläuft, unwirksam ist oder gar beides. Der Versuch der Ökonomen, die emotional Engagierten zu unterrichten, ist genauso zum Scheitern verurteilt wie der Versuch der Philosophen, die Gemütskranken zu unterweisen.
Damit soll nicht gesagt werden, daß die Wirtschaftswissenschaft, die sich auf rationaler Ebene mit der Wirtschaft befaßt, ein nicht zu rechtfertigendes Unterfangen darstellt. Sie ist im Gegenteil von entscheidender Bedeutung: Sie sagt uns, welches die richtige Wirtschaftspolitik oder das richtige System ist, bzw. sie sagt uns zumindest, mit welcher Politik und welchem System sich unsere Ziele nicht erreichen lassen. Und auch die Philosophie, sei es die Kants oder eines anderen Philosophen, trägt zum Verständnis dessen bei, was wir tun oder tun sollten. Weder die Philosophie noch die Wirtschaftswissenschaft haben jedoch einen therapeutischen Nutzen.[3] Aus sich selbst heraus sind sie nicht dazu in der Lage, jemanden dazu zu bewegen, eine richtige Politik zu betreiben oder schlüssiges Argumentieren zu lernen, sofern der Betreffende nicht über genügend Unabhängigkeit von seiner emotionalen Prädisposition verfügt, um auf eine nicht von seinen Emotionen vorherbestimmte Art und Weise zu argumentieren. Sachlich richtige wirtschaftliche Argumente helfen nur denjenigen, die bereits geheilt sind oder sich auf dem Wege der Besserung befinden, d. h. also, Leuten, die in der

Lage sind, ein Thema rational zu erörtern und entsprechende Argumente zu durchdenken. Sachlich richtige Argumente heilen diejenigen nicht, die falsche Argumente benutzen oder sich falsche Vorstellungen machen, solange Beweisführung oder falsche Vorstellungen ein starkes soziales oder persönliches Bedürfnis befriedigen, an Irrationales zu glauben. Die Wirtschaftswissenschaft erfüllt auch keine diagnostische Funktion: Sie kann uns nicht sagen, woher das Bedürfnis, sich ein verzerrtes Bild von der Welt zu machen und entsprechend zu argumentieren, stammt.

Seit Kant seine Schriften verfaßte, sind neue Wissenschaften entstanden, die sich genau mit den Dingen befassen, die er unzulässigerweise für die Philosophie beanspruchte. Die Psychologie erforscht, was die Menschen motiviert und was sie dazu veranlaßt, sich bestimmte Denkweisen und Glaubenssysteme zu eigen zu machen. Die Wissenssoziologie (die Glaubenssoziologie genannt werden sollte) erforscht die Situationen, die ganze Gruppen zur Übernahme bestimmter Überzeugungen und Einstellungen veranlassen. Wie kommt es also, daß Soziologen und Psychologen uns wenig Erhellendes über die Quellen der Feindseligkeit gegenüber dem marktwirtschaftlichen System haben sagen können?

Die Antwort auf diese ganz entscheidende Frage ist eher als Anregung und Versuch zu verstehen und nicht so sehr als endgültig anzusehen. Es ist nicht zu übersehen, daß Soziologen und Psychologen selbst vielfach eine feindliche oder zumindest ambivalente Haltung gegenüber dem marktwirtschaftlichen System eingenommen haben. Dies gilt ohne Zweifel für Auguste Comte, der der Soziologie ihren Namen gab, wenn er auch nicht ihr Begründer ist, und dies gilt auch für Emile Durkheim, und zwar trotz seiner Weigerung, sich als Sozialist zu bezeichnen (seine Nachfolger wurden es); auch Max Weber und Georg Simmel[4] standen dem marktwirtschaftlichen System, jeder auf seine eigene ambivalente Art und Weise, feindlich gegenüber. Noch früher hißte Karl Marx, der einem Großteil des soziologischen Denkens seinen Stempel aufdrückte, wenn seine Vaterschaft auch nicht immer anerkannt wird, offen die Fahne der Feindschaft gegen den Markt bzw. die kapitalistische Wirtschaft, deren ›unvermeidlichen‹ Untergang er gleichermaßen vorhersagte und befürwortete. Keiner dieser Männer (nicht einmal Marx) war Marxist. Und doch bezog jeder von ihnen aus persönlichen Gründen eine zumindest ambivalente Position gegenüber dem marktwirtschaftlichen System. Möglicherweise ist dies einer der Hauptgründe, warum die Quellen der Marktfeindlichkeit der Gesellschaft so selten zum Gegenstand wissenschaftlicher Untersuchungen gemacht und warum die Nachteile der marktwirtschaftlichen Ordnung — die wirklichen ebenso wie die vermeintlichen — so häufig in vergrößertem Maßstab dargestellt wurden. Eine feindselige Haltung zu untersuchen, die man mit anderen teilt, ist mühevoll; leichter fällt es, den Gegenstand der Ablehnung zu untersuchen, um die eigene Feindseligkeit auf diesem Wege rationalisieren zu können und nicht analysieren zu müssen.

Was hier über die Soziologen gesagt wurde, gilt gleichermaßen für die Psychologen. Freud war kein Sozialist. Er sah, daß die chiliastischen Hoffnungen der Marxisten mit der menschlichen Psyche, die er erforscht hatte, nicht übereinstimmten. Was die freie Marktwirtschaft angeht, so verstand er dieses System nicht, noch maß er ihm einen besonderen Wert bei. In dieser Hinsicht hörte er nicht (wie er auch für Musik kein Ohr hatte). Viele seiner Anhänger — die getreuen wie die abtrünnigen — waren Sozialisten oder Kommunisten: Otto Fenichel, Helene Deutsch, Alfred Adler, Wilhelm Reich, Erich Fromm und viele andere.[5]

Da sich die Ideologie der anderen leichter erforschen läßt als die eigene, wurden die Quellen der Marktfeindlichkeit bis heute nicht gründlich erforscht. Die große Masse der Intellektuellen ist und bleibt dem Markt gegenüber in verschiedenen Schattierungen feindlich eingestellt und zeigt folglich wenig Neigung, die Quellen dieser ihnen gemeinsamen und öffentlich zum Ausdruck gebrachten Feindseligkeit zu ergründen. (Einige Motivationen für diese feindliche Haltung werden in den folgenden Aufsätzen dargelegt.) Und dennoch, wer außer den Intellektuellen wäre überhaupt dazu in der Lage, die Quellen dieser Feindseligkeit zu erforschen?

Die folgenden Vorträge wurden vom Liberty Fund, Inc., in Auftrag gegeben, damit diese Forschungstätigkeit ihren Anfang nehmen könne, und dann bei einer im März 1975 in Homestead, Hot Springs (West Virginia), veranstalteten Konferenz gehalten. Professor Bauers (hier in überarbeiteter Fassung abgedruckter) Vortrag erschien als ein Kapitel in *The First and the Third World* (herausgegeben von Karl Brunner, University of Rochester Policy Centre, 1978). Mein eigener Vortrag wurde im Herbst 1976 in *The Public Interest* veröffentlicht (die vorliegende Fassung wurde überarbeitet). Die anderen, von ihren Verfassern überarbeiteten Aufsätze und Kommentare erscheinen hier zum ersten Mal.

Mein eigener Aufsatz erforscht die Verwundbarkeiten der marktwirtschaftlichen Ordnung und befaßt sich mit der Frage, inwieweit sie unvermeidlich sind, in welcher spezifischen Ausprägung sie erscheinen und zu welchen Angriffen sie herausfordern.

Professor Feuers Vortrag befaßt sich eingehend mit den Motiven und der Persönlichkeitsstruktur der führenden Gegner der marktwirtschaftlichen Ordnung und ihrer Gefolgschaft, vor allem im Kreise der amerikanischen Intellektuellen.

Professor Bauer beschäftigt sich mit der Übertragung der Marktfeindlichkeit vom Westen auf die unterentwickelten Länder. Er zeigt auf, wie diese Feindseligkeit von den entwickelten auf die unterentwickelten Länder übertragen wird, wo sie neue Virulenz entfaltet. Außerdem nennt er einige der sozialen und psychologischen Gründe, die ursächlich dafür sind, daß die führenden Schichten in den unterentwickelten Ländern sich von dieser Haltung so leicht anstecken lassen.

In seinem Epilog warnt Professor Rothman davor, die Irrationalität der Quellen der Marktfeindlichkeit mit den rationalen oder irrationalen Rechtfertigungen dieser Feindseligkeit zu verwechseln.

In ihren Kommentaren werfen Roger Starr, Dale Vree und Nathan Glazer aus jeweils unterschiedlichem und interessantem Blickwinkel ein zusätzliches und häufig kritisches Licht auf die in den Vorträgen behandelten Themen.

An die Vorträge schloß sich eine lebhafte, aufschlußreiche und in sich bemerkenswert geschlossene Diskussion an. Vielleicht hätte man sie mit in diesen Band aufnehmen sollen. Andererseits haben eine mündlich vorgebrachte geistreiche Bemerkung, ein Epigramm oder ein Argument in gedruckter Form vielleicht eine weniger glückliche Wirkung als in dem entsprechenden Rahmen. »Verba volant scripta manent« beschreibt nicht nur einen Tatbestand, sondern enthält auch eine Vorschrift. Folglich wurde beschlossen, nur die schriftlich ausgearbeiteten Vorträge vorzulegen. Ich hoffe, daß sie für den Leser ebenso lehrreich sind wie für die Teilnehmer der Konferenz.

New York City — *Ernest van den Haag*
14. Juni 1979

Verwirrung, Neid, Furcht und Verlangen

Ernest van den Haag

Friedrich von Hayek zufolge ist es »sinnlos, die Art und Weise, in der der Markt die guten Dinge dieser Welt unter bestimmten Menschen verteilt, als gerecht oder ungerecht zu beschreiben«. Damit hat er durchaus recht. Gerechtigkeit ist für das Funktionieren des Marktes, für wirtschaftliche Leistung und die Wirtschaftswissenschaft ebenso bedeutungslos wie für einen Computer oder die Meteorologie. Für unsere Einstellung diesen Dingen gegenüber gilt dies allerdings nicht. Die Menschen pflegen eine Gesellschafts- oder Wirtschaftsordnung unabhängig von ihrer Leistungskraft nur dann zu akzeptieren, wenn sie ihnen gerecht erscheint.

Selbst wenn es allen in einem marktwirtschaftlichen System besser als in jedem anderen System erginge, könnte es sein, daß die Ungleichheit, mit der der Markt seine Wohltaten verteilt, bei ihnen doch so starken Groll hervorruft, daß sie ihm gegenüber eine feindliche Haltung entwickeln. Nur wenn sich diese Ungleichheit moralisch rechtfertigen ließe, erschiene sie annehmbar. Oder wenn der Markt, wie in früheren Zeiten, als eine göttliche oder natürliche Schöpfung, als unabänderliche Tatsache angesehen würde, die als »gerecht oder ungerecht zu beschreiben« sinnlos wäre. Dies ist jedoch nicht mehr unsere Betrachtungsweise des Marktes. Er wurde ebenso wie die übrigen Institutionen säkularisiert. Die verschiedenen, in der Vergangenheit zur Verfügung stehenden moralischen Rechtfertigungen lösten sich in nichts auf, als die traditionellen Überzeugungen und Bräuche, auf denen sie beruhten, durch die Kräfte des Marktes selbst und durch die von ihnen geschaffene freie, säkularisierte Gesellschaft ausgehöhlt wurden. Hinzu kommt als Tatsache von größter Bedeutung, daß an die Stelle der traditionellen Rechtfertigungen keine neue *moralische* Rechtfertigung trat: Der Markt erwies sich seit dem Zerfall der bürgerlichen Ethik, die einen Zusammenhang zwischen wirtschaftlicher Belohnung und moralischer Tugend herstellte, als unfähig, eine Morallehre zu seiner Rechtfertigung zu entwickeln. Die rationale Geisteshaltung des Marktes zerstört im Gegenteil ihn stützende soziale Mythologien — wie beispielsweise die verschiedenen Lehren des Naturrechts —, wie eine Säure das zu ihrer Bewahrung und Begrenzung erforderliche Material zerstören kann.

Der Markt bietet denjenigen, die das produzieren, was einen Marktwert hat, Anreizbelohnungen; moralisch gesehen allerdings besteht hier selten der Eindruck einer gerechten Verteilung. Zwischen moralischer Gerechtigkeit und den Auswirkungen des Marktes muß es in der Tat einen Unterschied geben, es sei denn, die Produktion eines Marktwertes, die einen wirtschaftlichen Verdienst ermöglicht, wird als moralischer Verdienst angesehen. So früher John Bates Clark, und so heute Ayn Rand. Eine Gleichsetzung dieser Art vereinfacht die Dinge und wurde eine gewisse Zeit lang durch die Tradition gestützt. Heutzutage wird Erfolg indes ebenso oft mit persönlichem Laster wie mit persönlicher Tugend identifiziert.

Wie dem auch sei, die Gleichsetzung von moralischem und wirtschaftlichem Verdienst unterscheidet nicht klar zwischen den tatsächlichen historischen (oder, wenn Sie wollen, den natürlichen) Gegebenheiten für einen rechtlichen Anspruch auf Belohnung bzw. der tatsächlichen Inbesitznahme und der entsprechenden Rechtfertigung: Wer so argumentiert, setzt das, was es zu rechtfertigen gilt, mit dessen moralischer Rechtfertigung gleich. So Robert Nozick auf sehr subtile Weise in seinem Buch *Anarchy, State, and Utopia.* Er setzt die Antwort auf eine Frage, die er kaum stellt, als selbstverständlich voraus: »Warum ist es gerecht, daß jeder von uns der ausschließliche Nutznießer seiner eigenen rechtmäßigen Anstrengungen sein soll?« Dies ist eines jeden Menschen natürliches Recht, behauptet Nozick. Worauf die Antwort unweigerlich lautet: *Mir* hat die Natur das aber nie gesagt. Wenn der Wille der Natur tatsächlich so klar ist, wie Nozick sagt, so erklärt er doch nicht, warum dieser Wille befolgt werden soll, wenn es auch andere Möglichkeiten des Handelns gibt.

Mir scheint, daß Rechte (im Gegensatz zu Ansprüchen) durch gesellschaftliche Autorität gewährt werden. Unsere Aufgabe ist es, zu entscheiden, was das für Rechte sein sollen. Die Natur begrenzt lediglich die Möglichkeiten; innerhalb dieses Bereiches müssen wir unsere Entscheidung treffen. Bestimmend für unsere Entscheidung müssen Gerechtigkeit, so wie wir sie verstehen, und Leistung sein. Selbst wenn man beweisen könnte, daß bestimmte historische Gegebenheiten unvermeidlich sind und unsere Entscheidung damit unvermeidlich machen, so wäre sie deswegen immer noch nicht gerecht. Die Geschichte ist zwar nie vermieden worden, sie ist jedoch nie unvermeidlich.

Die moralisch und die wirtschaftlich gerechtfertigte Verteilung unterscheiden sich voneinander. Dies muß so sein, weil sich wirtschaftliche und moralische Kriterien voneinander unterscheiden. Unabhängig von den jeweils gewählten Definitionen kann moralischer Verdienst sicherlich nicht mit wirtschaftlichem Verdient, so wie ihn der

Markt bestimmt, gleichgesetzt werden. Eine attraktive Filmschauspielerin, ein findiger Unternehmensgründer, ein erfolgreicher Manager, ein Investor, ein Werbefachmann, ein Erfinder oder ein Entdecker von Öl sind einer pflichttreuen Krankenschwester oder einem fleißigen Arbeiter, einem mutigen Lebensretter oder einem Kriegsveteranen, einem bedürftigen Kind, einem großen Dichter oder Philosophen moralisch nicht überlegen. Mir ist zumindest keine ethische Lehre bekannt, der zufolge dies so wäre. Trotzdem verdienen erstere möglicherweise wesentlich mehr als letztere, und zwar aus *wirtschaftlich* durchaus guten Gründen: Was sie anbieten, hat einen höheren Marktwert. Sie verdienen jedoch nicht deswegen mehr, weil sie moralisch gesehen Verdienstvolleres leisten als diejenigen, die weniger gut entlohnt werden. (Interessanterweise nimmt man Schauspielerinnen ihren Reichtum selten übel, während man an wohlhabenden Bankiers Anstoß nimmt — vielleicht deshalb, weil die Vorzüge von Schauspielerinnen stärker ins Auge fallen als die von Bankiers. Dabei wird weder der Reichtum der Schauspielerin noch der des Bankiers durch moralische Überlegenheit erwirtschaftet oder durch sie gerechtfertigt.)

Ungleichheit, Moral und Leistung

Chancengleichheit, d. h. verfahrensmäßige Gerechtigkeit, hilft hier nur wenig. Eine von ihrem Verfahren her gerechte Lotterie führt dennoch zu ungleichen Ergebnissen; das gleiche gilt für jeden noch so fairen Wettbewerb. Die Ergebnisse werden gegebenenfalls unverändert als ungerecht angesehen, wobei allerdings die Ungerechtigkeit der Lotterie dem ›Schicksal‹ angelastet wird, wohingegen die Menschen heute glauben, die ungleichen Ergebnisse des

Wettbewerbes seien nicht der Ungerechtigkeit des Schicksals, sondern der Ungerechtigkeit der Kapitalisten und des Kapitalismus anzulasten. Chancengleichheit kann sogar das durch die notwendigerweise ungleichen Ergebnisse hervorgerufene Ressentiment noch verstärken, und zwar selbst dann, wenn Leute unter weitgehend ähnlichen Bedingungen in einer verfahrensmäßig absolut fairen Weise miteinander konkurrieren.[1] Letztlich gehen Ressentiments dieser Art auf den Neid auf eben die natürlichen Gaben und Unterschiede, das Glück eingeschlossen, zurück, die durch die Chancengleichheit besonders klar zutage treten. Die Unterschiede erscheinen ungerecht, weil sie keine gefühlsmäßig empfundenen oder *moralisch* akzeptierten Unterschiede widerspiegeln.

Selbst die durch absolut natürliche Gaben hervorgerufenen ungleichen sozialen Ergebnisse lassen sich moralisch nur schwer rechtfertigen. Warum sollte ein attraktives Mädchen sich ihrer natürlichen Schönheit nicht nur erfreuen, sondern sie auch noch dazu benutzen können, um reich zu werden? Warum sollte sie überhaupt mit größeren Vorzügen ausgestattet sein als andere? Warum sollte der von der Natur körperlich benachteiligte Mensch nicht nur an seiner Behinderung leiden, sondern darüber hinaus auch noch arm sein? Und läßt sich über geistige Gaben und Behinderungen nicht das gleiche sagen wie über körperliche Vorzüge und Mängel? Weder die Neigung noch die Fähigkeit zu erfolgreichen Anstrengungen ist von den angeborenen körperlichen und seelischen Gaben oder den Vor- oder Nachteilen der Umwelt unabhängig. Es ist also zuzugeben, daß die moralische Aversion gegenüber den ungleichen Ergebnissen des marktwirtschaftlichen oder eines jeden anderen, idealerweise auf Chancengleichheit beruhenden Systems, abgesehen von dem dadurch hervorgerufenen Neid, begründet ist. In der Tat verkündeten in der Vergangenheit sowohl die jüdische wie die christliche

Ethik die Ungerechtigkeit der Welt, und zwar unabhängig davon, ob es sich um eine Welt der Chancengleichheit oder -ungleichheit handelte. Der Markt war jedoch ohne Zweifel ein Bestandteil dieser Welt. Die traditionelle religiöse Ethik schrieb diese Ungerechtigkeit allerdings nicht der Regierung oder einem üblen wirtschaftlichen System zu; die Ungerechtigkeit war Teil der Beschaffenheit dieser Welt. Und die Religion verkündete, daß es für alle in dieser Welt erlittenen Ungerechtigkeiten und Ungleichheiten einen Ausgleich in einer anderen Welt geben würde.

Den verteilungsspezifischen Ungleichheiten des Marktes mag es zwar an einer moralischen Rechtfertigung mangeln, aber wahrscheinlich führt er für jeden zu besseren wirtschaftlichen Ergebnissen, weil er so leistungsstark ist, daß selbst dann, wenn nur ein kleiner Prozentsatz des Volkseinkommens umverteilt wird, mehr für die Umverteilung an diejenigen zur Verfügung steht, die von der Natur oder mangelndem Glück benachteiligt sind, als in jedem anderen System. Über den Wettbewerb fördert der Markt die technische Neuerung in weit höherem Maße als jedes andere System und sorgt für den Ersatz veralteter Produkte und Produktionsweisen. Dies ist es, was den Markt vielleicht mehr als alles andere produktiv macht. Nicht zuletzt ermöglicht der Markt eine ungewöhnlich breite Streuung von Macht und Ansehen und schafft einen erheblichen Freiraum für den Einzelnen. Die zentrale Planwirtschaft hingegen — gegenwärtig die einzige vorhandene Alternative — behindert die Einführung von Neuem und den Ersatz von Altem. Dies erklärt zum Teil ihre vergleichsweise niedrige Produktivität. Und in ihrem System ist die Verteilung von Macht und Ansehen von größerer Ungerechtigkeit gekennzeichnet als im marktwirtschaftlichen System.

Ganz abgesehen von ihrer geringeren Leistungskraft und

der folglich größeren Last der Ungleichheit werden Alternativen zum Markt, sind sie erst einmal in die Praxis umgesetzt, wahrscheinlich nicht weniger Feindseligkeit hervorrufen als der Markt. Denn jede Alternative dieser Art, wie beispielsweise die zentrale Planwirtschaft, wird sich an den eigentlichen Quellen einer Feindseligkeit stoßen, die sich letztendlich als gegen alle rationalen Systeme, in denen Belohnungen verteilt werden, gerichtet erweist, und nicht so sehr gegen ein bestimmtes Produktions- oder Verteilungssystem.
Die öffentliche Meinung stünde einer ungleichen Verteilung nach Maßgabe politischer Verdienste sicherlich genauso ablehnend gegenüber wie gegenwärtig einer ungleichen Verteilung nach wirtschaftlichen Verdiensten. Auch eine gleiche Verteilung würde, falls sie möglich wäre, sicherlich ebenso abgelehnt; ungleiche Verdienste und Anstrengungen würden dabei nicht angemessen belohnt. Wir wären nicht damit zufrieden, wenn der träge Arbeiter den gleichen Lohn erhalten würde wie der fleißige, wenn der achtlose Dummkopf genausoviel verdienen würde wie der umsichtige, geschickte Handwerker. Ungleiches gleich behandeln kann nicht gerecht sein, wie Aristoteles sagt. Verdienste sind unterschiedlich. Gleiches gilt auch für die Fähigkeit, sich an Dingen zu freuen oder sich elend zu fühlen. Gleichheit in bezug auf die Einkommensverteilung befriedigt deshalb das moralische Empfinden ebensowenig wie Ungleichheit. Wir alle sähen gerne, daß das *moralische* Verdienst belohnt wird. Für moralische Verdienste gibt es jedoch keinen befriedigenden Maßstab; jeder von uns definiert sie auf seine Weise, so daß es dafür keinen gemeinsamen Nenner gibt. Kein auf Gleichheit oder Ungleichheit beruhendes System wird unserem Gerechtigkeitsgefühl Genüge tun, denn keines von ihnen belohnt unsere moralischen Verdienste so, wie es das unserem Empfinden nach tun sollte.

Gerade weil die Menschen moralischen nicht mit wirtschaftlichem Wert gleichsetzen können, möchten sie beide miteinander verbinden. Es ist empörend für das Gerechtigkeitsgefühl, daß der Markt die Leistungen von moralisch als weniger verdienstvoll angesehenen Personen häufig höher bewertet als die Arbeit von moralisch als verdienstvoller angesehenen Menschen — obwohl es gerade die über diese Tatsache empörten Leute sind, die dieses Ergebnis durch ihre Bereitschaft, für die wirtschaftlich höher bewerteten Leistungen mehr Geld zu bezahlen, herbeiführen. Schließlich ist dies der Grund, warum diejenigen, die derartige Leistungen erbringen, mehr erhalten, und zwar unabhängig vom moralischen Verdienst. Die Menschen möchten jedoch auch das von ihnen selbst herbeigeführte Ergebnis dahingehend abändern, daß es — zumindest bis zu einem gewissen Grade — ihrem Gerechtigkeitsgefühl Genüge tut.

Das stetem Wandel unterliegende Spannungsverhältnis zwischen wirtschaftlicher und moralischer Bewertung ist in den Menschen selbst begründet und nicht nur in den Gesellschaftssystemen. Früher einmal hatte die Religion die Funktion, hier für eine gewisse Ausgewogenheit zu sorgen, indem sie als Ausgleich für das im Laufe des irdischen Daseins erlittene Unrecht Belohnungen und Strafen im Jenseits versprach. Die moderne Welt in ihrer kapitalistischen Ausprägung denkt jedoch im wesentlichen säkular. Sie nimmt den religiösen Glauben nicht genügend ernst, als daß das durch den Kapitalismus hervorgerufene Gefühl moralischen Unbehagens auf diese Weise beschwichtigt werden könnte.

Werden die Ressourcen jedoch für die Produktion der von den Allokatoren (in einem Markt also den Verbrauchern) am höchsten bewerteten Güter eingesetzt und soll die Produktion auf ein Höchstmaß gesteigert werden, sind Ungleichheiten in bezug auf Einkommen, Status und

Macht die unvermeidliche Folge. Die Arbeit ist durch ein Einkommen zu entlohnen, und das Einkommen eines jeden arbeitenden Menschen hängt notwendigerweise von der Menge und der Qualität seiner Arbeit sowie dem dieser Arbeit beigemessenen Wert ab. Fähigkeit, Geschicklichkeit, Neigung und Gelegenheit zu arbeiten sind unterschiedlich; dies gilt auch für den der Arbeit beigemessenen wirtschaftlichen Wert und folglich ihre Ent- bzw. Belohnung. Der Marktwert wird durch Knappheit, durch das Verhältnis zwischen Angebot und Nachfrage, bestimmt. Knappheiten sind in unterschiedlichem Maße gegeben; gleiches gilt folglich für das durch eine bestimmte Arbeit erzielte Einkommen. Die sozioökonomische Struktur — die Verteilung von Ungleichheiten — entwikkelt sich stets unabhängig von den zu ihrer Beurteilung verwendeten moralischen Kriterien.

Belohnungen sind entsprechend dem Marktwert der Arbeit um der Leistung willen, wenn nicht um der Gerechtigkeit willen, zu verteilen. Kritiker, die Einwände gegen das Unvermögen des Marktes, moralische Gerechtigkeit walten zu lassen, mit Einwänden gegen seine Fähigkeit gekoppelt haben, die Produktion von Waren und Dienstleistungen auszulösen, haben einfach unrecht. Ein Blick auf die Alternativen zum Markt überzeugt hier voll und ganz: sie sind wesentlich weniger leistungsfähig. Und es läßt sich leicht feststellen, daß die mit dem unmittelbaren Ziel moralischer Gerechtigkeit gegründeten sozialistischen Gesellschaften sich in diesem Punkt gegenüber den marktwirtschaftlichen Systemen nicht durch besondere Erfolge hervorgetan haben. Eine rationale Einsicht dieser Art trägt jedoch nur wenig dazu bei, das Ressentiment gegen den Markt zu zerstreuen oder die Sehnsucht nach einem idealen System zu vertreiben, in dem eine gerechte Regierung moralische Verdienste gerecht belohnt.

Eine genauere Analyse dieser Sehnsucht zeigt, daß sie auf

nicht rationalen Phantasien beruht; jeder von uns hofft insgeheim, seine grundlegende Überlegenheit werde in einem idealen System anerkannt. Wenn auch nur unbewußt, erhoffen sich dies sowohl Revolutionäre wie Reformer von einer idealen Regierung, die als echter ›parens patriae‹ fungiert, als gerechter und allwissender Vater — ebenso wie ein Spieler seine Hoffnung in die Glücksgöttin setzt, die ihn unerklärlicherweise, aber ganz sicherlich und zu Recht am meisten liebt und allen anderen vorziehen wird — wie es die eigene Mutter hätte tun sollen.

Das Ressentiment der Intellektuellen

Intellektuelle verübeln es dem Markt, daß er die Leute für wirtschaftliche Werte Geld zahlen läßt. Moralische Werte bleiben unberücksichtigt — genauso wie die Intellektuellen selber, die Produzenten moralischer Werte, moralischer Zustimmung und moralischer Ablehnung. (Seit neuestem produzieren eine ganze Reihe von Intellektuellen moralische Werte, die auch einen Marktwert haben. Die große Gruppe der Geistes- und Gesellschaftswissenschaftler, die traditionellen Intellektuellen, sind jedoch nach wie vor der Meinung, daß man ihnen die Macht und das Einkommen vorenthält, die sie aufgrund ihrer Tugend zu verdienen glauben.) Die Intellektuellen sehnen sich folglich nach Utopien; bei ihren vielen Entwürfen standen Vernunft und Wunschvorstellungen Pate, wenn sie auch bar jeglicher Realität oder auch nur Verwirklichungsmöglichkeit sind. Sie würden moralisch wertvolle Tätigkeiten, d.h. ihre eigenen Tätigkeiten, besser belohnen als wirtschaftliche Tätigkeiten. Leider haben weltfremde und redliche Pläne dieser Art die Errichtung unredlicher, durchaus weltlich gesinnter Systeme gefördert.

In keinem vorhandenen Gesellschaftssystem dürften Belohnungen für moralische Verdienste eine herausragende Rolle spielen; und in nichtmarktwirtschaftlichen Systemen sind Belohnungen dieser Art wahrscheinlich noch seltener anzutreffen als in marktwirtschaftlichen. Schafft man die wirtschaftlichen Entscheidungsmechanismen des Marktes ab, so müssen sie durch politische, d.h. staatliche Verteilungsmechanismen ersetzt werden. Ebenso wie der Markt wirtschaftliche Leistungen belohnt, werden politische Verteilungssysteme politische Leistungen, d.h. Leistungen in bezug auf die Produktion und Verteilung von Macht, belohnen. Die eigentliche Verteilung wird notwendigerweise von der politischen Macht abhängen und mit moralischem Verdienst ebensowenig zu tun haben wie in einem marktwirtschaftlichen System. Wir werden an ein Verteilungssystem gebunden sein, das unserem Empfinden nach moralisch gesehen ebenso irrelevant und willkürlich wie das des Marktes ist, das uns jedoch sicherlich ärmer zurücklassen wird, weil es stärkere Anreize für unproduktive politische Aktivitäten als für produktive wirtschaftliche Leistungen bietet.

Außerdem kann die Regierung Einkommen unabhängig vom Markt nur dann verteilen, wenn sie Einzelne oder Gruppen (wie beispielsweise Firmen) des Rechtes beraubt, das herzustellen und zu verkaufen, wofür sich ihrer Meinung nach zahlungswillige Käufer finden lassen. Genau das geschieht im voll entwickelten Sozialismus. Was produziert werden soll, hängt nicht von der Nachfrage des Verbrauchers, sondern von den davon unabhängigen Entscheidungen der staatlichen Planer ab; folglich wird die Produktion stärker den Zielsetzungen der Planer als denen einiger oder aller Verbraucher dienen. Die Bürger, die nicht selber entscheiden können, was sie produzieren und verkaufen sollen, würden ein Freiheitsrecht verlieren. Um uns dieses Recht auf Dauer vorenthalten zu können, müßte die Regierung uns schließlich auch noch unserer politischen Freiheit berauben; als einziger Arbeitgeber und Produzent könnte sie ohne Schwierigkeiten die politische Freiheit einschränken; was sie auch tun würde, denn die politische Freiheit könnte dazu benutzt werden, die staatlichen Pläne durch die Pläne von Einzelpersonen zu ersetzen. Ihres institutionellen Schutzes beraubt, könnte die Freiheit des Einzelnen nicht lange überleben.

Es besteht jedoch kaum ein Zweifel daran, daß Alternativen zum marktwirtschaftlichen System die relative Macht und das relative Einkommen, wenn nicht die Freiheit der Intellektuellen und Paraintellektuellen — der Bürokraten und Büroangestellten — vergrößern würde. Sie hätten das Sagen. Die Alternative zum Markt ist die Bürokratie, was immer für ein Etikett man hier auch benutzen mag. Gegenwärtig kann sie das Spiel der Kräfte des Marktes eingrenzen. In einer Planwirtschaft würde die Bürokratie den Markt jedoch dadurch ersetzen, daß sie Entscheidungen über die Allokation und die Produktion trifft. Schließlich würde die den Unternehmern genommene Macht, würden ihr Einkommen und ihr Prestige auf die Bürokraten übergehen.

Viele echte Intellektuelle, d.h. Spezialisten in der Erfindung, Entwicklung und Analyse von Ideen, glauben, daß ihre Verdienste dann anerkannt würden, wenn sie in der Bürokratie die Positionen besetzen könnten, die sie von der Umverteilung profitieren lassen, während sie ihrerseits die Bevölkerung ihr ganzes Wohlwollen spüren lassen würden. Die Erfahrung deutet eher auf einen umgekehrten Entwicklungsprozeß. Die wichtigsten Machtpositionen würden wahrscheinlich nicht von echten Intellektuellen, sondern von Spezialisten in der Handhabung bürokratischer Macht besetzt werden. Die Wahrscheinlichkeit, daß es sich dabei um Intellektuelle handelt, wird ebenso gering sein wie bei den Bürokraten heute.

Die Autorität der Tradition

Während die kapitalistischen Länder in dem denkbar größten Wohlstand leben, den die Welt je gesehen hat, stellen die Befürworter der marktwirtschaftlichen Ordnung eine in schwere Kämpfe verwickelte Minderheit dar; dies trifft sicherlich für die Intellektuellen unter ihnen, aber auch für andere Gruppen zu. Tief verwurzelte moralische Empfindlichkeiten erklären nicht, warum die Klagen gegen die Ungerechtigkeit der marktwirtschaftlichen Ordnung heute so große Zugkraft besitzen. Wir müssen einen Blick auf die geschichtliche Entwicklung werfen, um uns Rechenschaft über die Gründe für den Rückgang der Befürwortung des Marktes ablegen zu können.

In der Vergangenheit betonte die Religion die göttliche Sanktionierung traditioneller oder verdienter Ungleichheiten. Im Jenseits würden diese Ungleichheiten entsprechend dem wahren moralischen Verdienst umverteilt, wobei sie allerdings gleichzeitig erheblich vergrößert würden. (Ist eine größere Ungleichheit denkbar als die zwischen Himmel und Hölle?) Zwar setzte die Religion das moralische nicht mit dem wirtschaftlichen Verdienst gleich, erhob andererseits jedoch gegen wirtschaftliche Belohnungen für wirtschaftliche Verdienste keinen Einwand, da sie den Standpunkt vertrat, das moralische Verdienst bedürfe in dieser Welt keiner Belohnung. Damit waren dem Neid und dem Geschrei nach Gleichheit oder moralischer Gerechtigkeit in dieser Welt Grenzen gesetzt. Moralische Gerechtigkeit würde es im Jenseits geben. Die Religion wandte sich nicht gegen ein bestimmtes wirtschaftliches System, sondern unterschiedslos gegen jede Betonung materiellen Fortschritts. Psychologisch (wenn auch nicht logisch) gesehen lief dies auf Unterstützung praktisch jedes beliebigen Status quo hinaus.

Mit der Renaissance und der Reformation gelangten viele

religiöse Denker zu der Überzeugung, wirtschaftlicher Erfolg könne ein Zeichen göttlichen Wohlgefallens sein. Das Streben danach erhielt folglich eine höhere Weihe. Nachdem sie ihren Blick vom Himmel wieder auf die Erde gelenkt hatten, gelangten die Menschen jedoch allmählich dazu, für ihre Anstrengungen und Verdienste hier und heute eine Belohnung zu erwarten. Sie wandten sich in großer Enttäuschung von der Religion ab, nachdem sie das nächste Leben nicht mehr als Ziel des irdischen Lebens betrachteten. Nachdem sie erst einmal soweit gelangt waren, eine gerechte Belohnung in dieser Welt zu fordern, wollten sie auch höher und gerechter belohnt werden als in der Vergangenheit. Die Religion hat dieses Stichwort seither aufgegriffen: Wo immer sich die etablierte Kirche um eine Wiedergewinnung ihres Einflusses bemüht, tut sie dies, indem sie die weitverbreitete Feindseligkeit gegenüber dem Kapitalismus und der Ungleichheit schürt und auf Gleichheit, d. h. Gerechtigkeit in dieser Welt, besteht und die Bedeutung des Jenseits herunterspielt. Im Gegensatz zu den fundamentalistischen Sekten versuchen die Kirchen jetzt, der Sehnsucht nach moralischer Gerechtigkeit durch die Befürwortung unzusammenhängender Wohlfahrtsmaßnahmen und nicht mehr so sehr durch den Hinweis auf den Himmel und die Betonung der Erlösung Rechnung zu tragen.

Solange die Tradition selbst noch Legitimität verleihen konnte, wurde die Ungleichheit selbst ohne religiöse Sanktion nicht ernsthaft in Frage gestellt. Die Marktwirtschaft hingegen zerstört die traditionellen Glaubenshaltungen und -bindungen; sie beruht nicht auf Brauchtum, sie glaubt an Fortschritt und nicht an Frömmigkeit. Der Markt glaubt nicht, daß jemand etwas sinnvollerweise nur deswegen tun sollte, weil es sein Vater oder sein Großvater bereits so machte.

Außerdem kommt es durch die dem Markt innewohnende

Mobilität zu einer ständigen Umverteilung der Ungerechtigkeiten, so daß die Tradition, die Kontinuität erfordert, sie nicht legitimieren kann. Gewiß, auch alternativen Systemen fehlt es an einer Quelle der Legitimation. Sie haben jedoch Verteidigungsmöglichkeiten, über die der Kapitalismus nicht verfügt. Sie werden als Übergangsstadien zu einem Endstadium der Gerechtigkeit und Gleichheit angesehen, während die Marktwirtschaft zu rational ist und auch bereits zu lange besteht, als daß sie als Vorstufe zum Reich Gottes angesehen werden könnte. Bis jetzt haben die sozialistischen Versprechungen die Tatsache überlebt, daß sie nie eingelöst wurden, ebenso wie die großen Religionen die Verschiebung der Erlösung auf den Sankt-Nimmerleins-Tag überlebt haben.

Das Dilemma der Armut

Hieße arm sein heute immer noch, weniger zu besitzen, als für das physische Überleben notwendig ist, so träfe dies für nur wenige unter den Armen in den Vereinigten Staaten (wenn auch nicht anderswo) zu. Sind die biologischen Bedürfnisse des größten Teils der Armen jedoch erst einmal erfüllt, wird die Armut von der Geschichte und der Gesellschaft definiert, und zwar nicht nach dem Maßstab der physischen Bedürfnisse oder der Größe der Einkommen, seien sie hoch oder niedrig, sondern entsprechend der sozialen Wertung von Einkommensunterschieden. So gelten in den Vereinigten Staaten Personen, deren Einkommen weniger als die Hälfte des Durchschnittseinkommens beträgt, unabhängig von der absoluten Größe ihres Einkommens als arm. Und doch ist der traditionelle Begriff von Armut, der mit Hunger, Entbehrung und Not verbunden ist, immer noch für unsere Einstellung maßgeblich und ruft den altbekannten Schrecken hervor. Schließlich war diese Vorstellung über Jahrtausende durchaus realistisch und ist auch heute noch in einem großen Teil der Welt nur allzu real.

Da Armut einen so großen Schrecken hervorruft, würden wir sie gerne abschaffen. Diesbezüglich sind viele Schlachten gewonnen worden und weitere Erfolge sind möglich, aber der ›Krieg gegen die Armut‹ kann nicht gewonnen werden, weil man unter Armut in der Zwischenzeit Ungleichheit und nicht mehr nur einfach Elend versteht. Nur eine vollkommen gleiche Einkommensverteilung verhindert, daß sich einige Leute notwendigerweise oben und andere notwendigerweise unten befinden. Ebenso wie man die obere Gruppe reich nennt, wird man die untere Gruppe arm nennen. Sosehr die untere Gruppe auch schrumpfen oder ihr Abstand zu den anderen Gruppen sich verringern mag (und in dieser Hinsicht sind Schlachten gewonnen worden), der verbleibende Abstand wird dennoch als nicht unbedeutend angesehen werden: Diejenigen am unteren Ende der Skala werden sich selbst für arm halten und von anderen so eingestuft werden, während die am oberen Ende der Skala weiterhin als reich gelten.

Entgegen den Hoffnungen der Reformer (und den Befürchtungen der Revolutionäre) haben die Verringerung des Abstandes zwischen den Armen und den anderen sowie der Rückgang der Zahl der Armen das Ressentiment der Armen de facto nur verstärkt.[2] Je weniger soziale Unterschiede es gibt und je geringer sie werden, desto irritierender erscheinen sie, denn sie fallen mehr auf. Und Verbesserungen rufen häufig die Erwartung nach weiteren Verbesserungen hervor. Diese Erwartungen haben die Tendenz, schneller zu wachsen als die Verbesserungen, so daß sie die Möglichkeiten schließlich übersteigen. (Dies ist in der Tat einer der Hauptgründe für den unaufhörli-

chen Druck auf eine Steigerung der staatlichen Ausgaben für die Armen und letztlich für die Inflation, eine Klippe, die die Regierungen nur mit großer Mühe umschiffen.)
Das Gewohnte wird für unvermeidlich gehalten, und das Unvermeidliche wird geduldet. Das Unzureichende jedoch, das nichterfüllte Versprechen, ruft stets Groll hervor. Die Verminderung von Ungleichheiten deutet darauf hin, daß jede noch verbleibende Ungleichheit nicht unvermeidlich ist. Folglich werden alle Verringerungen, die hinter der vollkommenen Gleichheit zurückbleiben, für unzureichend gehalten. Weswegen sich das Ressentiment der Armen verstärkt hat; wo dieses Ressentiment zugegeben oder begründet wird, wird es selten als das erkannt, was es ist: die Auswirkung verringerter Armut. Dieses Ressentiment als Folge von Verbesserungen zu sehen, erscheint paradox, weil es unseren Erwartungen widerspricht. Aber dieses Paradox, das in uns selbst und nicht in der gesellschaftlichen Wirklichkeit begründet ist, läßt sich leicht erklären. Als Reich und Arm durch eine unüberbrückbare Kluft voneinander getrennt waren, erlebten die Armen sich gegenseitig als arm und beneideten sich untereinander mehr als die Reichen, die sozial gesehen so himmelweit von ihnen entfernt waren, daß man sie nicht einmal beneiden konnte. Die Armen, die nicht mehr durch die ungeheueren und anscheinend unüberwindlichen Unterschiede im Bereich der Bildung und des Lebensstandards isoliert sind, sehen die Welt jetzt weitgehend mit den gleichen Augen wie ihre Mitmenschen an. So teilen sie insbesondere die verzehrenden Wünsche der nicht Armen, von denen ihnen das Fernsehen täglich ein anschauliches Bild vermittelt. Da sie jedoch arm sind, fehlt es ihnen nach wie vor an den Mitteln zur Befriedigung dieser Wünsche, und sie sind voller Groll gegen das, was sie jetzt als ›Beraubung‹ anzusehen lernen.
Das gesellschaftliche Verständnis von Armut hat sich in

der Tat grundlegend gewandelt. Niemand, sei er reich oder arm, glaubt heute noch, daß Armut Teil einer von Gott gewollten leistungsfähigen oder auch nur annehmbaren sozialen Ordnung ist — ganz zu schweigen von der individuellen Verantwortung oder Schuld der Armen. Armut ist nicht nur ein Symptom der systemimmanenten Mängel, Armut wird jetzt als Ungerechtigkeit verstanden, als eine nichterfüllte Verantwortung der Reichen, denen vorgeworfen wird, die Armen zu berauben. (Diese Vorstellung hat sich jetzt sowohl im Verhältnis der Nationen untereinander wie auch innerhalb der einzelnen Nationen durchgesetzt.) Nachdem Armut nicht mehr als Teil der *Physiologie* des sozialen Gefüges verstanden wird, behandelt man sie jetzt als soziale *Pathologie.* Dabei wurde sie jedoch in einer Weise umdefiniert, die sie ebenso unvermeidlich werden läßt wie die Ungleichheit: Der durch die Definition hervorgerufene krankhafte Zustand wird gewöhnlich nicht als integrierender Bestandteil der Definition angesehen, sondern auf das Privateigentum am Kapital zurückgeführt, das Ausbeutung und Mangel verursacht. Die Armut der Armen wird also dem Reichtum der Reichen und dem marktwirtschaftlichen System angelastet, das beides ermöglicht.
Die Armen selbst nahmen ihren Zustand so lange als natürlich hin, wie sie sich in der Mehrheit oder zumindest einer Vielheit befanden. Dies taten auch alle anderen Menschen. Inzwischen sind die Armen jedoch zu einer Minderheit geworden und haben jetzt weniger das Gefühl, abgetrennt und anders, als isoliert zu sein und übergangen zu werden: So flößt der Markt (bzw. der Kapitalismus), Reich und Arm gleichermaßen ein Gefühl des Unbehagens ein, obwohl oder gerade *weil* er die guten Dinge des Lebens wesentlich weniger ungerecht verteilt als jedes andere System zuvor und obwohl oder gerade *weil* er sie in sehr viel größeren Mengen produziert. Reichtum ruft

jetzt genauso häufig Schuldgefühle hervor wie er Annehmlichkeiten schafft. Die Reichen haben selten den Eindruck, ihren Reichtum ›verdient‹ zu haben; bei ihren Kindern ist dies fast nie der Fall. Die Befürwortung der Ungleichheit durch Gott, Natur und Gesellschaft ist zurückgenommen worden. Das marktwirtschaftliche System steht nackt und bloß vor seinen Feinden, ausgesprochen verwundbar gegenüber der Wechselwirkung von Ressentiments und Schuldgefühlen.

Während man einiges zur Beschwichtigung von Schuldgefühlen tun kann — wenn auch mit fraglichem Erfolg —, so lassen sich Ressentiments nur sehr schwer abbauen. Umverteilungen, die hinter vollkommener Gleichheit zurückbleiben, werden hier kaum von Nutzen sein. Zudem würde die Armut auch dann nicht verschwinden, wenn die Bedürfnisse der Armen dadurch befriedigt würden, daß man allen unabhängig von ihrer Fähigkeit oder ihrem Bemühen lebenswichtige Güter zur Verfügung stellte. Denn im Gegensatz zu den Mindestvoraussetzungen für das Überleben sind Bedürfnisse biologisch nicht vorgegeben; sie stellen durch die Gesellschaft hervorgerufene Wünsche dar. In dem Maße, wie durch höhere Einkommen mehr Dinge erreichbar werden, werden mehr Dinge für lebensnotwendig erachtet, um die durch die Erreichbarkeit dieser Dinge hervorgerufenen Bedürfnisse zu befriedigen. Biologisch gesehen unwesentliche Dinge werden zu ›lebenswichtigen Dingen‹, wenn sie für lebenswichtig gehalten werden — ob es sich nun um neue Arten von Lebensmitteln, um Wohnungen, Zigaretten, ärztliche und rechtliche Dienstleistungen, die Freizeitgestaltung oder die Kanalisation handelt. Shakespeare erkannte dies bereits lange, bevor neunzig Prozent der Sozialhilfe beziehenden New Yorker ein Fernsehgerät besaßen: »Der schlechteste Bettler hat bei der größten Not noch Überfluß« (*King Lear,* 1. Akt, 2. Szene, Zeile 267).

Die Armen empfinden heute nicht weniger Bedürfnisse als die Leute, die ein durchschnittliches Einkommen verdienen. Folglich können ihre Bedürfnisse nicht befriedigt werden, solange sie arm sind, d. h., solange sie weniger als das Durchschnittseinkommen haben.

In dem Maße, wie Sozialhilfeleistungen die Armut der arbeitslosen oder unanstellbaren Armen zu einer weniger entbehrungsreichen und bestrafenden Erfahrung machen, verlieren einige ansonsten anstellbare arme Leute zudem die Fähigkeit oder den Willen, eine Beschäftigung zu den marktüblichen Sätzen aufzunehmen. Die Anstellbarkeit wird ohne Zweifel, ohne daß damit ein Schwindel verbunden sein müßte, durch Schwangerschaft, Drogenabhängigkeit, Krankheit oder Selektivität in bezug auf den Arbeitsplatz gemindert. Unbewußt wird man sich wahrscheinlich selbst unanstellbar machen, wenn der für die Unanstellbarkeit gezahlte Preis dies als lohnend erscheinen läßt. Ist Armut erst einmal zu einer verkäuflichen Leistung geworden, so steigt das Angebot entsprechend dem höheren Preis, den sie, verglichen mit Leistungen wie beispielsweise der Arbeit, erzielt. Folglich müssen entweder die Sozialhilfeleistungen innerhalb enger Grenzen gehalten werden, damit sich die Lebensbedingungen der Armen wirklich wesentlich von denen der nicht Armen unterscheiden und die Produktion verkäuflicher Armut für die Arbeitsfähigen (d. h. diejenigen, die andere verkäufliche Leistungen produzieren könnten) ihren Reiz verliert — oder die eingeschränkte Anstellbarkeit (d. h. ein Mehr an verkäuflicher Armut) muß akzeptiert werden. Wir scheinen uns zu schuldig zu fühlen, um ersteres zu tun, während letzteres in den Morast führt, in dem wir uns gegenwärtig befinden: weniger Armut in Verbindung mit einer zunehmend größeren Zahl von Sozialhilfeempfängern. Was immer sich moralisch für die gegenwärtigen Sozialhilfeleistungen sagen läßt, sie verfehlen ihren Zweck, und zwar sowohl wirtschaftlich wie psychologisch. Die Empfänger empfinden sich selbst nicht als weniger arm, noch sind sie weniger ressentimentgeladen, als sie es ohne Unterstützung wären, und ihre Zahl steigt tendenziell in dem Maße an, wie wir die von ihnen produzierte Armut kaufen und dadurch eine entsprechende Nachfrage schaffen. Dabei wachsen mit der steigenden Zahl der Sozialhilfeempfänger wiederum die Schuldgefühle.

Das Ressentiment der Benachteiligten richtet sich letztlich gegen das marktwirtschaftliche System, welches Ungleichheit hervorbringt. Genaugenommen tut dies auch jedes andere System. Die marktwirtschaftliche Ordnung wird jedoch zur Zielscheibe für diejenigen, die innerhalb dieser Ordnung leben, während entfernte Systeme idealisiert werden. Das utopische Gras entfernter Gesellschaften oder Phantasien ist stets grüner.[3]

Einstmals wollte Gott offensichtliche Ungerechtigkeit, und der Glaube rechtfertigte diese Ungerechtigkeit. Er war »auf gerechte Weise verborgen — und auf verborgene Weise gerecht« (Augustinus). Ohne ihn bleibt nur die gesellschaftliche Ordnung, gegen die man Vorwürfe erheben kann. Und letztlich kann keine Ordnung Bestand haben, wenn sie gleichermaßen von denjenigen, die sich durch sie benachteiligt fühlen, wie von denjenigen, die aus ihr Nutzen ziehen, für ungerecht gehalten wird.

Die Jugend und der Sozialismus

Warum steht die Jugend heute dem Markt so viel feindseliger gegenüber als die Jugend früher? Bis zum 20. Jahrhundert wurden die Kinder der Oberschicht als Erben angesehen. Da sie den Status und das Vermögen der Familie bewahren und sichern sollten, wurden sie entsprechend auf diese Aufgabe vorbereitet, ausgebildet und vor allem diszipliniert. Ihr Ehrgeiz und ihre Erwartung wurden auf die Übernahme dieser Rolle hingelenkt. Abweichungen wurden mit Entsetzen angesehen. Die Romane der französischen, deutschen oder englischen Literatur des 19. Jahrhunderts bieten dafür eine Fülle von Beispielen, wie auch Verdis Oper ›La Traviata‹ auf der Grundlage von Dumas' ›Kameliendame‹.

Vor dem 19. Jahrhundert war der rechtlich abgesicherte Familienstatus nicht in dem Maße von dem Verhalten und folglich der Ausbildung desjenigen abhängig, dem diese Aufgabe zufiel. Als das 19. Jahrhundert heraufzog, trat an die Stelle des Systems der landbesitzenden Aristokratie das bürgerliche Klassensystem. Bildung und Ausbildung wurden zu einer entscheidenden Voraussetzung für die Bewahrung des gesellschaftlichen Status. Die Eltern der Oberschicht, vor allem die Väter, verfügten über disziplinarische Mittel, um ihren Kindern eine entsprechende Erziehung aufzuzwingen und ihnen eine bestimmte Rolle zuzuweisen, weil Status, Einkommen und Karriere der Kinder fast ausschließlich vom Vermögen und den Verbindungen der Eltern abhingen. Die Drohung der Enterbung erwies sich als durchaus wirksames Mittel, sie bei der Stange zu halten.

In der Oberschicht wurden die Kinder als Investition angesehen. Unter Androhung der Strafe der Enterbung konnten die Väter eine angemessene Rendite sicherstellen. Auch in der Unterschicht wurden die Kinder als Investitionsgüter behandelt, wenn auch auf andere Weise. Sie waren die Produzenten des laufenden Einkommens und boten soziale Sicherheit für das Alter. In beiden Schichten hatten die Eltern also ein starkes Interesse daran, das Verhalten ihrer Nachkommen in bestimmte Bahnen zu lenken — und sie verfügten über entsprechende Machtmittel.

Diese Situation hat sich grundlegend gewandelt. Von den

Kindern wird nicht mehr erwartet, daß sie irgend etwas für ihre Eltern bewahren, sichern oder produzieren. Sie sind zu Konsumgütern geworden, an denen man sich um ihrer selbst willen freut, wie an verhätschelten Haustieren, weswegen sie auch wie diese behandelt werden: Es werden keine ernsthaften Forderungen an sie gestellt. Den Eltern ist es wichtiger, daß man sie liebt, als daß man sie achtet oder ihnen gehorcht; sie überlassen es den Kindern, sich ›selbst zu finden‹, anstatt ihnen von der Gesellschaft auferlegte Forderungen zu übermitteln. Man hegt keinerlei Erwartung, daß die Kinder den Besitz der Familie weiterführen oder sich nach Erreichen der Großjährigkeit ihr Verhalten durch den elterlichen Willen vorschreiben lassen. Inzwischen stehen den Eltern sowieso nur noch ausgesprochen schwache disziplinarische Mittel zur Verfügung. Die Drohung der Enterbung ist praktisch bedeutungslos geworden: Ein großer Teil des Erbes wird weggesteuert, und die Kinder sind dazu in der Lage, sich eigenständig ein vernünftiges Einkommen zu verdienen. Heute bezieht nur eine von tausend Familien einen nennenswerten Teil ihres Einkommens aus ererbtem Vermögen. (Mag sein, daß der Prozentsatz der Familien, die aus ererbtem Vermögen Nutzen zogen, früher nicht viel größer war; damals waren sie jedoch die einzigen wohlhabenden Familien.) Mit sehr wenigen Ausnahmen hängen das gesellschaftliche Fortkommen, der Status und der wirtschaftliche Erfolg der Kinder in der kapitalistischen Wohlstandsgesellschaft nicht mehr — oder zumindest nicht notwendigerweise — vom elterlichen Erbe oder den elterlichen Beziehungen ab.

In dem Maße, wie die elterliche Macht abnahm, wurde die elterliche Autorität für die Kinder (und die Soziologen) zu einem Problem. Es galt, mit allen zur Verfügung stehenden Mitteln gegen sie zu rebellieren. Diese Rebellion war recht erfolgreich, und die Fähigkeit der älteren Generationen, die Kultur und die Disziplin der Vergangenheit zu übermitteln, wurde geschwächt. Viele junge Leute, die es nicht mehr befriedigt, gegen die elterliche Autorität zu rebellieren — gegen etwas butterweich Gewordenes zu kämpfen macht keinen Spaß —, rebellieren jetzt jedoch gegen die Realität selbst (beispielsweise durch Drogenkonsum) oder zumindest gegen gesellschaftliche Disziplin. Der Markt ist nachweisbar weniger als gerecht: Ließe sich eine bessere Zielscheibe für ihre Feindseligkeit denken? Sofern die jungen Leute den Markt nicht vollkommen zerstören wollen, möchten sie zumindest für seine Ungerechtigkeiten Abbitte tun und Schadenersatz leisten. Niemand hat sie gelehrt, daß das zu produzieren, was die Menschen — wie an ihrer Bereitschaft, dafür etwas zu zahlen, ersichtlich — schätzen, Gutes tun heißt. Aus ihrer Sicht heißt für den Markt zu produzieren etwas Böses tun, denn das Motiv ist nicht altruistisch, und die Wirkung wird durch das Motiv gravierend beeinträchtigt.

In allen großen Gesellschaftssystemen liegt die Motivation zur Arbeit in einer Erweiterung der Verfügungsgewalt über Waren und Dienstleistungen begründet. Diese Motivation — von ihren Gegnern Habgier oder Erwerbssinn genannt — scheint in einer marktwirtschaftlichen Ordnung nicht weiter verbreitet oder intensiver zu sein als in anderen entwickelten Volkswirtschaften. So belohnen sozialistische Volkswirtschaften, ebenso wie kapitalistische, Leistung — politische allerdings mehr als wirtschaftliche — mit Einkommen, Macht und Prestige. Ebenso wie im Kapitalismus bedeutet Fortkommen im Sozialismus ein Mehr an diesen Dingen. Es besteht kein Anlaß zu der Annahme, daß sich die Motive der Bewohner der Sowjetunion von denen der Bewohner der Vereinigten Staaten unterscheiden. Vielleicht befindet sich eine sozialistische Volkswirtschaft jedoch psychologisch gesehen im Vorteil. Einkommenssteigerungen und Statuserhöhungen werden sozusagen von offizieller Seite als moralisch verdient angesehen — genauso wie an der Universität Harvard die Beförderung von einer Hilfslehrkraft zum außerordentlichen Professor. Auf diese Weise werden der Erwerbssinn und das ehrgeizige Streben von der Aura der Selbstsucht befreit, die uns ein solches Unbehagen bereitet. Im Markt werden hohe Einkommen eher erzielt als von oben verliehen. Man erzielt sie, indem man die Leistungen erbringt, für die eine Nachfrage besteht. Dafür gibt es jedoch keinen offiziellen Segen, keine Sanktionierung, die uns sagt, daß wir das, was wir erhalten, verdienen. In der Tat haben wir unserer eigenen Habsucht gegenüber stets eine etwas zwiespältige Haltung eingenommen. Vielleicht können wir sie in der unverhüllten Form, in der sie uns im marktwirtschaftlichen System entgegentritt, nicht ertragen — ohne den offiziellen Segen, der uns von unserer Schuld freispricht. »Nicht aufgrund des Wohlwollens des Metzgers, des Bierbrauers oder des Bäckers rechnen wir damit, unser Abendessen zu bekommen, sondern weil sie ihr eigenes Interesse im Auge haben«, schrieb Adam Smith. Daß man sich auf dieses »ihr eigenes Interesse« stützt, läßt den Markt so gut funktionieren. Dies ist es auch, was die Jugend genauso feindselig auf die kapitalistische Gesellschaft wie auf ›Selbstsucht‹ reagieren läßt.

Der Sozialismus verfügt noch über einen weiteren psychologischen Vorteil. In Gestalt der zentralen Planung bietet er eine sichtbare Hand statt der unsichtbaren Hand der marktwirtschaftlichen Ordnung. Der psychologische Vorteil dieser Sichtbarkeit ist sehr groß: Sie flößt den Leuten Vertrauen ein. Im Gegensatz zur Planung funktioniert der Markt automatisch. Anders als die sichtbaren, manuellen Kontrollen der Planer erscheinen automatische Mechanismen — seien es Märkte oder eine aus sich selbst heraus funktionierende natürliche Ordnung, die nicht von einem Gott geplant oder gelenkt wird — moralisch unverständlich und psychologisch deprimierend, eben weil es »sinnlos ist, [sie] als gerecht oder ungerecht zu beschreiben«.

Abgesehen davon, daß unsere anthropomorphischen Erwartungen nicht befriedigt werden, führt das Nichtvorhandensein einer sichtbaren und faßbaren lenkenden Autorität, wenn es mit einer allgemeinen Richtungslosigkeit verwechselt wird, was normalerweise der Fall ist, auch zu dem Vorwurf, der Markt sei ein Beispiel für die ›Anarchie der Produktion‹. Dabei leitet die ›unsichtbare Hand‹ von Gewinn und Verlust den Markt dazu an, auf die Bedürfnisse der Verbraucher zu reagieren, und koordiniert die Produktion sehr viel feinfühliger, als eine zentrale Planungsbehörde es je könnte — falls sie es wollte. Sie will es nicht; der Sinn der Planung besteht darin, die offiziellen Ziele der Planer durchzusetzen, indem man davon abweichende Pläne der Verbraucher zu Fall bringt. So wird eine Vielzahl von *automatisch* koordinierten Plänen von Einzelpersonen einfach nicht als ›Planung‹ angesehen, ein zentraler Plan hingegen wohl. Einzelpersonen, von denen jede ihren eigenen Plan verfolgt, bilden auf der Fifth Avenue eine Menge; sie werden nicht als ein geplantes, organisiertes Ganzes angesehen; eine zentral gesteuerte Militärparade wird als solches betrachtet.

Ex oriente lux?

Vor fast hundert Jahren sagte August Bebel, der Antisemitismus sei der Sozialismus der Mittelklasse. Dies stellte eine zutreffende Einsicht in die psychologische Funktion beider Ideologien dar. Es hat jedoch eine Umkehr stattgefunden: Zumindest für die Intellektuellen hat der Sozialismus den Platz des Antisemitismus eingenommen. So wie früher der Antisemitismus der Mittelklasse, so klärt heute der Sozialismus die Intellektuellen darüber auf, woher das Böse kommt und wie es abzuschaffen sei. Ebenso wie der Antisemitismus der Intellektuellen wird sich die Marktfeindlichkeit wahrscheinlich einer rationalen Belehrung so unzugänglich erweisen, wie dies für Ideologien, die emotionale Bedürfnisse befriedigen, typisch ist. Nur aus Erfahrung können die Menschen vielleicht lernen, daß die Abschaffung der Märkte ihre Klagen nur noch vergrößert. Vielleicht verhilft uns der kommunistische Teil der Welt zu dem Anschauungsmaterial und der praktischen Erfahrung, die vonnöten sind, um den freien Markt anderswo aufrechtzuerhalten. Die Glorifizierung von Maos China durch die Intellektuellen ist jedoch ein Anzeichen dafür, wie schwer es jede wie auch immer beschaffene Realität hat, sie eines Besseren zu belehren.

Kommentar zu ›Verwirrung, Neid, Furcht und Verlangen‹

Roger Starr

Ernest van den Haag untersucht auf, wie ich meine, sehr anschauliche Weise einige der Gründe, aus denen unsere Zeitgenossen sich so entschieden von einer Produktionsordnung abwenden, die grundsätzlich auf dem Privateigentum an den Produktionsmitteln beruht. Er versucht zu erklären, warum sie sich mehr von einer Produktionsordnung versprechen, in der die Produktionsmittel Eigentum der Regierung sind und ihr Einsatz der Befehlsgewalt einer hierarchischen Bürokratie unterliegt.

Aus meiner Sicht ist Dr. van den Haag als Optimist anzusehen. Ich sage dies nicht, weil ich den Glauben der Leute, die er beschreibt, teile. Ebenso wie Dr. van den Haag bezweifele ich auf das entschiedenste, daß öffentliches Eigentum und eine Abkehr von dem Grundsatz der Bestimmung von Menge und Art der produzierten Güter durch den Markt bessere Dinge bringt. Ich glaube, daß die Abkehr von diesem Grundsatz *schlechtere* Dinge nach sich zieht. Irgendwann einmal möchte ich die Bedeutung der Metapher untersuchen, die ich beinahe unbewußt zur Beschreibung eines menschenwürdigeren Zustandes verwendet habe. Ich habe, wie Sie bemerkt haben werden, von ›besseren Dingen‹ gesprochen, um allgemein eine Verbesserung des menschlichen Daseins zu beschreiben.

Ich nenne Dr. van den Haag einen Optimisten, weil er die

Ansicht äußert, die Gefühle, die die feindliche Haltung gegenüber dem Markt hervorrufen, seien, so verfehlt sie auch sein mögen, in gewisser Weise rational. Seiner Darstellung zufolge haben diese Gefühle ihre Wurzel in Verwirrung, Neid, Furcht und Verlangen. Da es sich dabei durchweg um destruktive Gefühle handelt, stellt das Bemühen, sie zu heilen, ein rationales Bemühen dar. Dr. van den Haag scheint zu glauben, daß die Menschen über die erforderlichen Mittel verfügen, um eine Heilung zu bewirken. Dr. van den Haag zufolge ruft der Neid der Armen auf den Wohlstand der Reichen in ihrer unmittelbaren Nähe Ungeduld mit dem Marktmechanismus und dem Privateigentum hervor. Der Neid ließe sich möglicherweise, zumindest für eine gewisse Zeit, durch Zerstreuungen, Vergnügungen, extremen Patriotismus oder eine Bärenhatz überwinden. Wie Dr. van den Haag weiter darlegt, flieht die Intelligenzija vor der Marktideologie, weil sie die durch den Markt bewirkte Verteilung nicht mit einem abstrakten Gerechtigkeitsgefühl in Einklang bringen kann. Folglich stellt sie fest, daß sich ihr eigenes Machtstreben auf eine gesellschaftlich annehmbare Weise befriedigen läßt, indem sie mit Nachdruck darauf hinweist, daß sie an der Spitze einer Bürokratie stehen wird, die ihr eigenes Gerechtigkeitsempfinden an die Stelle der zufälligen Ungerechtigkeiten des Marktes setzen wird. Der Drang, die durch den Markt bewirkte Ungerechtigkeit zu beseitigen, scheint mir ein rationaler Impuls zu sein, mit dem sich umgehen ließe: Wir könnten die Mitglieder der Intelligenzija mit Ehren und Geld überhäufen, um sie auf diese Weise dazu zu überreden, ihre Hände vom Markt und den dort festgestellten Ungerechtigkeiten zu lassen bzw., was noch wichtiger wäre, ihre intellektuellen Kräfte anderen Fragen zuzuwenden. In meinen pessimistischeren Augenblicken, und dies ist ein solcher, würde ich Dr. van den Haag jedoch widersprechen, wenn er, wie ich meine, den Standpunkt vertritt, die Opposition gegen den Markt und das Privateigentum beruhe auf einem rationalen Wunsch nach Gerechtigkeit und Macht. Ich meine, daß die Opposition gegen den Markt und das Privateigentum an den Produktionsmitteln auf einem tieferliegenden Impuls beruht, der sich nur sehr viel schwerer fassen läßt: Meiner Meinung nach sind die Wurzeln der Marktfeindlichkeit — vielleicht nicht ausschließlich, aber größtenteils — auf die Schwierigkeiten zurückzuführen, die es den Menschen bereitet, eine ganz grundlegende menschliche Tätigkeit zu vollziehen: zwischen verschiedenen Möglichkeiten bewußt eine Wahl zu treffen. Ich gehe davon aus, daß sich die Menschen ungeheuer nach der Macht sehnen, eine solche Wahl treffen zu können — und diese Macht ist durch die Investition von menschlicher Arbeit in Kapital nachweislich gestiegen —, daß sie sich aber gleichzeitig im selben Maße davor fürchten, an die Folgen ihrer Wahl gebunden zu sein. Daß man heute zwischen verschiedenen Brotsorten wählen kann, weist auf die breite Streuung einer noch vor zwei Jahrhunderten außerhalb der Königspaläste weitgehend unbekannten Macht hin, und diese Tatsache erfüllt die gewöhnlichen Sterblichen der kapitalistischen Ära mit einem Gefühl der Macht. Nichtsdestoweniger beraubt einen der Akt der Wahl — die Entscheidung für ein Roggenbrot anstelle eines Pumpernickels, für ein Toastbrot anstelle eines Sesambrotes — unverzüglich der Macht, wählen zu können. Man hat eine Wahl getroffen und muß mit ihren Folgen leben. Es gilt die Tatsache zu akzeptieren, daß man sich möglicherweise geirrt hat und daß die Entscheidung — vor allem in Angelegenheiten von weitreichender Bedeutung, wie der Wahl des Wohnortes, des Mobiliars, des Berufes oder einer Wertordnung für das ganze Leben oder der Form der politischen Ordnung, die man unter den möglichen Alternativen für die erträglichste hält — in

höchst realer Weise wirklich nicht mehr rückgängig zu machen ist.
Meiner Auffassung nach war die Macht, Stunde um Stunde und Tag um Tag eine Wahl unter verschiedenen Möglichkeiten zu treffen, über weite Strecken der Geschichte auf sehr wenige Menschen beschränkt, die jeweils in einer Kultur Macht besaßen. Das menschliche Tun war größtenteils auf einen so kleinen Bereich miteinander konkurrierender Möglichkeiten begrenzt, daß sich die normalen Sterblichen gar nicht vor die Notwendigkeit gestellt sahen, unter diesen Möglichkeiten eine bewußte Wahl zu treffen. Meiner Meinung nach hat der natürliche Drang des Menschen, Macht über seine Umwelt zu gewinnen, um sich gegen die unmittelbar drohenden Gefahren des Daseins zu schützen, zu der ungeheueren Vermehrung von Gütern, Lebensmitteln, Häusern und Bekleidung geführt, und dieses ungeheuere Mehr an diesen Dingen hat uns, in besonders auffallender Weise in den letzten beiden Jahrhunderten, eine schwindelerregende Macht verliehen, auf dem Markt unter verschiedenen Möglichkeiten bewußt eine Wahl zu treffen.

Das Ausweichen vor der Wahl

Um zu erkennen, daß das Ausweichen vor einer Wahl wesentlicher Bestandteil menschlichen Handelns ist, braucht man sich nur einmal anzuschauen, was sich die Menschen alles haben einfallen lassen, um entweder den Folgen einer Wahl oder den mit dem bewußten Akt der Wahl selbst verbundenen Qualen der Ungewißheit auszuweichen. Die einfachste Form des Ausweichens besteht darin, genügend Geld anzusammeln, so daß als Gegenleistung für Waren oder Dienstleistungen sich davon zu trennen vergleichsweise so unwichtig erscheint, daß die Qual der Wahl tatsächlich eingeschränkt wird. Übrigens heißt auch arm bleiben, sei es bewußt oder unbewußt, der Notwendigkeit auszuweichen, unter verschiedenen Möglichkeiten eine Wahl zu treffen, und sich den beunruhigenden Wechsel zwischen dem Gefühl von Macht und der Aufgabe dieser Macht im Zusammenhang mit der Vorbereitung der Wahl und dem Akt der Wahl selbst zu ersparen. Es berührt uns jedoch auch schmerzlich, sehen zu müssen, wie die Möglichkeit der Wahl an eine Sucht oder einen psychologischen Zwang aufgegeben wird. Der Süchtige — sei es in bezug auf Alkohol, Tabak, Drogen, Essen oder Sex — verzichtet auf das Abwägen von Alternativen und zieht es statt dessen vor, die Aufgabe seiner Macht in einer flüchtigen Stillung seines zwanghaften Hungers zu genießen. Er genießt ganz offensichtlich den Verlust der Macht, der eintritt, sowie man von ihr Gebrauch gemacht hat, die extreme Verzerrung des Wählaktes, der bei zwanghaften Spielern zu beobachten ist; einige Beobachter behaupten, diese Menschen wollten verlieren und seien auf der Suche nach Strafe als Buße für die Sünde, die Macht des Wählenkönnens aufgegeben zu haben. Die Verantwortung für eine kluge oder unsinnige Wahl, die Schwierigkeit, die Folgen des eigenen Handelns auf sich zu nehmen, die Selbstverständlichkeit, mit der äußere Einflüsse — Glück, Diskriminierung, Ungerechtigkeit — für eine falsche Wahl verantwortlich gemacht werden, all das deutet auf ein ungeheueres Verlangen hin, keine Wahl treffen zu müssen, so daß das Ausweichen vor einem freien Markt mit seiner Fülle von Entscheidungsmöglichkeiten eine ganz natürliche Antwort auf die Gefahren umfassenden Menschseins darstellt.

Ist umgekehrt ein freier Markt nicht vorhanden, so verleiht die Entdeckung, daß man als Mensch die Macht hat, unter verschiedenen Möglichkeiten zu wählen, ein Maß an Mut, das den Beobachter nur mit ehrfürchtigem Staunen erfüllen kann. Ich denke an den außergewöhnlichen Mut und die Menschlichkeit derjenigen Russen, die die Möglichkeit der Wahl unter Alternativen in dem im russischen sozialistischen Staat sehr eng begrenzten Markt der Ideen entdeckten. Der Ernst, der Mut und die Würde der russischen Opposition — Eigenschaften, die durch die bewußte Entscheidung freigesetzt wurden, das nicht zu akzeptieren, was der Staatsapparat eisern als die einzig gerechte Form einer Gesellschaftsordnung darstellt — läßt unsere Hoffnungen auf den Menschen und sein Menschsein in nie dagewesene Höhen steigen. Hilton Kramer, der Ressortchef des Feuilletons der *New York Times*, hat darauf hingewiesen, daß die Entwicklung einer russischen Opposition auf der Grundlage einer frei getroffenen Wahl eine neue Art Mensch auf dieser Welt geschaffen hat: einen Menschen, der in einem Sinne frei ist, von dem wir vergessen hatten, daß er möglich ist. Jene, die versuchen, die Verantwortung aus einer getroffenen Wahl oder Entscheidung anderen zuzuschieben, gehen am Kern dessen vorbei, was Menschsein bedeutet.

Wenn mir einige persönliche Bemerkungen zu diesem Thema gestattet sind, so möchte ich über das Bild sprechen, das sich uns täglich in der Innenstadt von New York bietet, und zwar deswegen, weil man hier bewußt auf die Möglichkeit der freien Wahl in bezug auf eine bestimmte Ware verzichtete, so daß der freie Markt fast vollständig verdrängt wurde.

Ich beziehe mich damit natürlich auf den Wohnungsmarkt und das Ergebnis der diesem Markt durch Preiskontrollen auferlegten Zwänge. Diese Kontrollen sind übrigens seit 1934 in Kraft, d. h. sehr viel länger, als die in der Zeit zwischen den beiden Weltkriegen in Paris geltenden Mietkontrollen. Mein Interesse an diesen Regelungen gilt nicht allein dem äußeren Verfall eines Gebäudes, der unweigerlich dann eintritt, wenn Eigentümer und Darlehensgeber ihr Anlagekapital zurückziehen, weil ein bestimmtes Investitionsgut dem Markt entzogen und sein Preis anderswo bestimmt wird.

Ich meine, ohne dies hier weiter erörtern zu wollen, daß der Fortbestand von Mietkontrollen angesichts der fast einhelligen privaten Auffassung aller gewählten Regierungsvertreter, daß die Wirkung dieser Maßnahmen eine ganz andere sei als die der Öffentlichkeit beschriebene, die öffentliche Meinung abwertet und den gesamten gesetzgeberischen Prozeß negativ beeinflußt. Bildlich gesprochen könnte man sagen, daß das Verschwinden eines freien Marktes für jede wichtige Ware, für die nicht ein natürliches Monopol gegeben ist, mit dem Verschwinden des freien Marktes für die Ideen in bezug auf diese Ware verbunden sein müßte.

Ebenso interessant ist die Wirkung, die kontrollierte Mieten auf die Leute haben, die von diesen Maßnahmen eigentlich profitieren sollen, d.h. diejenigen, die in diesen dem Mietstop unterliegenden Wohnungen leben. Von dieser Wirkung ist seltener die Rede. Gegenwärtig schützt das entsprechende Gesetz der Stadt New York den Bewohner einer solchen Wohnung gegen Mieterhöhungen von mehr als 7½% im Jahr, und zwar unabhängig davon, in welchem Jahr, aus welchem Grund oder welchen Gründen die Mieterhöhung vorgenommen wird. Das heißt nicht, daß sich der Mieter jedes Jahr vor eine 7½%ige Mieterhöhung gestellt sieht; es handelt sich um eine Ober- und nicht um eine Untergrenze; die Mieten dürfen aus triftigem Grund durchaus gesenkt werden. Diese Obergrenze schwächt jedoch den Willen des Mieters, in bezug auf seinen Wohnort und seine Wohnung eine Wahl zu treffen. Da sie sich des einzigartigen Vorteils eines gesetzlich geschützten Mietverhältnisses erfreuen, solange sie sich im Besitz der betreffenden Wohnung befinden, sagen alle Mieter dieser Kategorie, daß sie es sich ›nicht leisten können, umzuziehen‹ — selbst dann, wenn sie die Wohnung flächenmäßig keineswegs nutzen oder die gesamte Nachbarschaft um sie herum an den Folgen jahrelanger Vernachlässigung und mangelnder Instandhaltung zugrunde geht. Charles Abraham, der verstorbene Sachverständige für Wohnungswirtschaft, der in den 50er Jahren das Amt des Beauftragten für staatlich kontrollierte Mieten innehatte, pflegte die Politik seiner Behörde mit dem Argument zu verteidigen, sie ermutige die Mittelklasse dazu, in der Stadt zu bleiben. In Wahrheit führte diese Politik dazu, das Verantwortungsbewußtsein dieser Mittelklasse zu untergraben, indem sie die Betreffenden in die Lage versetzte, ja dazu zwang, ihre eigene persönliche Verantwortung für rationales Wissen außer acht zu lassen. Obwohl sie wußten, daß die Gebäude, in denen sie lebten, unzureichend instand gehalten wurden, und obwohl sie wußten, daß sie in vielen Fällen eine unangemessen große Wohnfläche in Anspruch nahmen, waren sie dennoch der Mühe enthoben, zwischen einem Umzug oder der Entrichtung einer höheren Miete eine Wahl zu treffen, da ihnen diese Entscheidung durch höhere Gewalt in Form des entsprechenden Gesetzes abgenommen wurde.

Inzwischen ist der Verfall in vielen dieser Wohngegenden so weit fortgeschritten, daß es wirklich gefährlich ist, dort wohnen zu bleiben; anstatt die Mittelklasse, und sei es eine leicht demoralisierte Mittelklasse, in der Stadt zurückzuhalten, haben diese Mietkontrollen im Ergebnis den irreparablen Verfall ganzer Stadtteile, in denen Familien der Mittelklasse wohnten, gefördert und beschleunigt, wobei sie, was ich persönlich für noch schlimmer halte, die Bewohner jeder persönlichen Verantwortung für den Schaden enthoben.

Vielleicht läßt sich meine Beschreibung von der Flucht vor der Wahl nur schwer mit dem für uns alle erkennbaren aktiven Streben nach Macht und Kontrolle in Einklang bringen. Und doch sind diese theoretisch gegensätzlichen Impulse durchaus miteinander vereinbar. In der Massengesellschaft sind lokale Verwandtschaftsgruppen und freiwillige Zusammenschlüsse ihrer Bedeutung weitgehend beraubt. Die Autorität ihrer Führer, die die Fähigkeit besitzen, als Vorbild für die Ausübung der Wahl und als Beispiel für persönliche Verantwortung zu dienen, wurde unterlaufen. Anstatt ihr Augenmerk auf führungsbegabte Persönlichkeiten in ihrer Nähe zu richten, sind die Menschen dazu übergegangen, Macht mit nationalen und ideologischen Bewegungen großen Maßstabes zu assoziieren. Wie Dr. van den Haag darlegt, vermitteln diese Bewegungen durch eine Inflation der Währung den Anschein von Macht. Der Wertverlust der Währung durch die Inflation macht es nicht leichter, sondern schwerer, eine Wahl zu treffen, weil er den monetären Vergleichsmaßstab verzerrt, den die Menschen normalerweise zur Messung der Wünschbarkeit von Alternativen verwenden. In einer Massengesellschaft hat ein Fehler für ein von verwandtschaftlichen oder sonstigen Bindungen ungestütztes molekulares Einzelwesen allzuoft tödliche Folgen.

Die Gründe, aus denen ich meine, ein größerer Pessimist zu sein als Dr. van den Haag, liegen damit wohl klar auf der Hand. Dr. van den Haag scheint darauf zu hoffen, daß irgendein Triumph der Rationalität die Menschen erkennen läßt, daß die ihnen wichtigen Ziele sich besser in einer Marktwirtschaft erreichen lassen als in einer von Regierungsbürokratien beherrschten Wirtschaft, die, wie er es formuliert, eher ›plant‹ als entdeckt, was die Menschen aufgrund ihres Verhaltens auf dem Markt wünschen. Ich habe den Eindruck, daß der Mensch seinem Wesen nach weder vollkommen rational ist, noch ganz von seinen materialistischen Impulsen oder Forderungen beherrscht wird. Meiner Auffassung nach ist das Hinausschieben der Wahl mit ein wichtiges Ziel derjenigen, die der Wirklichkeit des Marktes ausweichen möchten. Für mich läßt sich die Hoffnung auf eine Rückkehr zur Freiheit des Marktes erst dann wiederfinden, wenn die Gesellschaft genügend Erfahrungen mit dem verengten Horizont persönlicher Verantwortung gesammelt hat, den die Planwirtschaft und die sich im Besitz des Staates befindliche Wirtschaft nicht nur der Erzeugung von Gütern, sondern auch den Erzeugnissen des Geistes und der Phantasie auferlegt. Für mich liegt die Hoffnung, daß die Verantwortung für das Treffen einer Wahl künftig wieder akzeptiert wird, jenseits der Erfahrung des russischen Staates, für uns beispielhaft verkörpert durch das Auftauchen dieser erstaunlichen, beinahe religiös anmutenden Gestalten, die aus der Dunkelheit der sowjetischen Welt heraufgezogen sind, um die Verantwortung des Menschen in einer Dimension offenzulegen, wie wir sie seit Jahrhunderten nicht mehr gesehen haben. Ihre Gesellschaft ist sicherlich nicht bequem; sie sind zweifellos zu stark, als daß wir sie ohne weiteres als unkomplizierte Weggenossen akzeptieren könnten, aber sie sind, so meine ich, *die* Boten der Rückkehr aus der Antifreiheit, die wir, wenn Sie so wollen, erwarten. Das Schreckenerregende und Deprimierende ihrer Erscheinung weist auf die Leiden und Schrecken hin, die wir erdulden müssen, bevor wir bereit sind, erneut die vielfältige Verantwortung für das Menschsein zu übernehmen.

Die Marktfeindlichkeit in den weniger entwickelten Ländern

Peter Bauer

Bittere Feindseligkeit gegenüber dem Markt, als System wie als Ergebnis freiwilliger Transaktionen verstanden, beherrscht die Literatur über den geistigen Standort der weniger entwickelten Länder[1] und über die für ihren materiellen Fortschritt auf nationaler und internationaler Ebene geeigneten Maßnahmen. Es ist durchaus möglich, die Quellen dieser Feindseligkeit zu untersuchen.

Die Gültigkeit von Argumenten läßt sich unter Zuhilfenahme von Beweismaterial und Logik abschließend beurteilen. Die Motive oder Gründe, aus denen Leute Argumente akzeptieren, Ideen haben oder eine bestimmte Position beziehen, lassen sich nicht so eindeutig festlegen; ihre Erforschung ist deshalb notwendigerweise in gewissem Umfang mit Mutmaßungen verbunden. Damit wird dem Thema nichts von seiner Bedeutung genommen. Ganz im Gegenteil: Da Ideen Folgen haben (um mit Richard Weaver zu sprechen), ist ihr Ursprung eine Frage von ganz konkretem Interesse. Auch ist nicht jede Erklärung gleich gut. Selbst wenn eine formelle Prüfung nicht möglich ist, können Beobachtung und Analyse bedeutsame Zusammenhänge herstellen.

Die Ortung der Quellen der Marktfeindlichkeit stellt ein besonderes oder zumindest in unserem Zusammenhang ein besonders klar erkennbares Problem dar. Die Aktivitäten westlicher Politiker und Intellektueller sowie der Mitarbeiter und Sprecher der offiziellen internationalen Organisationen sind ein entscheidender Faktor bei der Marktfeindlichkeit in den weniger entwickelten Ländern.[2] Außerdem handelt es sich bei einigen der einflußreichsten Exponenten dieser Feindseligkeit in der Dritten Welt um Leute, die verwestlicht sind oder im Westen studiert haben. Ein großer Teil der Marktfeindlichkeit, die von der Dritten Welt *ausgeht*, hat ihren *Ursprung* also im Westen.

Hier mag eine einschränkende Bemerkung angebracht sein. Indem ich die westlichen Quellen der Marktfeindlichkeit in der Dritten Welt und die Rolle der internationalen Organisationen in diesem Zusammenhang unterstreiche, behaupte ich nicht, daß geistige und materielle Erfolge dort vom Westen abhängen. Ich bin allerdings der Auffassung, daß der Westen, einzelne Personen sowie Gruppen und vom Westen unterstützte Organisationen bei der Auslösung und Aufrechterhaltung der Marktfeindlichkeit eine hochbedeutsame und möglicherweise entscheidende Rolle gespielt haben.

Westlicher Ursprung der Marktfeindlichkeit in der Dritten Welt

Beratertätigkeit der Sachverständigen

Einige Ausführungen angesehener Akademiker mögen die Herkunft der Marktfeindlichkeit in den weniger entwickelten Ländern und die enge Verbindung zwischen dieser westlichen Herkunft und ihrer lokalen Ausprägung veranschaulichen. Der mit dem Nobelpreis ausgezeichnete Professor Gunnar Myrdal ist ein weithin bekannter Befürworter der Notwendigkeit umfassender Planung und eines umfassenden Sozialismus als Voraussetzung für die Entwicklung eines Landes. Nachdem er in einer vielzitierten Veröffentlichung feststellt, daß die Regierungen der Dritten Welt politische Maßnahmen dieser Art jetzt als unerläßliche Voraussetzung für die allmähliche Überwindung von Armut und Elend akzeptieren und ergreifen, fügt er hinzu: »Dazu wird ihnen von allen Wissenschaftlern und Staatsmännern in den fortgeschrittenen Ländern klar und eindeutig geraten.«[3] An anderer Stelle schreibt er: »Die besonderen Berater für unterentwickelte Länder, die sich die Zeit genommen und die Mühe gemacht haben, sich mit den Problemen vertraut zu machen, empfehlen, wer sie auch sein mögen, ... alle die zentrale Planung als die erste Voraussetzung für Fortschritte.«[4]

In dem vorliegenden Zusammenhang sind die Vorzüge der zentralen Planung für die Entwicklung nicht das entscheidende Thema. Mir geht es um die Behauptung, Regierungen und Sachverständige in den fortgeschrittenen Ländern rieten den Regierungen der weniger entwickelten Länder einmütig zu einer solchen Politik. In der Tat vertreten viele Ökonomen — und einige der lautstarksten, artikuliertesten und einflußreichsten Gruppen mit engen Verbindungen zu Regierungen, internationalen Organisationen, der Presse und großen Stiftungen — diesen Standpunkt und befürworten diese Politik. Bei genauerer Betrachtung werden überhaupt nur diejenigen, die die zentrale Planung befürworten, von den Medien als Sachverständige eingestuft. Obwohl prominente Wirtschaftswissenschaftler beharrlich darauf hinweisen, daß umfassende Planung nachweislich für die wirtschaftliche Entwicklung unnötig ist und sie eher verzögert als beschleunigt, kann es sich bei diesen Leuten, Professor Myrdals Definition zufolge, unabhängig von ihrer sachlichen Befähigung, ihrem akademischen Rang oder ihrem Arbeitsgebiet, nicht um Sachverständige handeln.

Daß Myrdals Definition akzeptiert wird, bestätigt Professor John P. Lewis von der Universität Princeton, der frühere Leiter der amerikanischen Agentur für internationale Entwicklung in Indien:

»In Indien wurde beschlossen, daß die Regierung die Pflicht hat — eine Pflicht, die sie nicht delegieren kann —, diejenige ›Wachstumsperspektive‹ zu schaffen und aufrechtzuerhalten, von der Albert Hirschman zu Recht immer wieder sagt, sie sei das einzige Sine qua non der erfolgreichen wirtschaftlichen Entwicklung.
Externe Anhänger des indischen Entwicklungsprozesses, die sich weigern, diese Aussage zu akzeptieren, disqualifizieren sich so gut wie von vornherein.«[5]

Werfen wir auch einen Blick auf den letzten Absatz von Professor Jagdish Bhagwatis Buch *The Economics of Underdeveloped Countries:*

»Für die Idealisten unter uns stellt die Herausforderung der Entwicklung in der Tat einen stärkenden Anreiz für konsequentes Handeln von der gleichen Art wie die sowjetische Revolution für die progressive Meinung dar, nach einem kontinuierlichen, wenn auch gelegentlich stockenden Übergang zu einem dem raschen Wirtschaftswachstum in den unterentwickelten Ländern förderlichen Rahmen.«[6]

Seit dem Zweiten Weltkrieg hat sich die Wirksamkeit des Drucks in Richtung auf wirtschaftliche Kontrollen in der Welt noch dadurch verstärkt, daß die Marktgegner in den Kontakten zwischen dem Westen und der Dritten Welt das Übergewicht haben, vor allem was die internationale Informationsübermittlung angeht. Was die Dritte Welt vom Westen, über den Westen oder über die Wirtschaftsbeziehungen zwischen dem Westen und den Ländern der Dritten Welt in Gegenwart und Vergangenheit lernt, stammt von den Gegnern des Marktes oder wird von ihnen gefiltert. Sie beherrschen die internationale Berichterstattung, die Rundfunkdienste, die Dokumentarfilme, die Unterhaltung. Auch in den akademischen Kontakten zwischen dem Westen und der Dritten Welt nehmen sie eine beherrschende Stellung ein. Dieser Einfluß hat entscheidend zur Steigerung der finanziellen und intellektuellen Ressourcen der Gegner des Marktes in der Dritten Welt und zu einer Erhöhung ihres Ansehens und ihrer Wirksamkeit beigetragen. In den lokalen Kommissionen und Delegationen der Vereinten Nationen, ihren Sonderorganisationen und den ihr angeschlossenen Einrichtungen, nehmen sie praktisch eine Monopolstellung ein; gleiches gilt für die Arbeit der großen westlichen Stiftungen vor Ort, für den internationalen akademischen Austausch und für die Planungsteams, die den Regierungen der Dritten Welt von den amerikanischen und britischen Universitäten gestellt werden.

Die Ansichten der Anhänger des Marktes sind den Zuhörern in der Dritten Welt so fremd, daß sie ihnen selbst dann als exzentrisch, paradox oder bizarr erscheinen, wenn sie von prominenten Persönlichkeiten des In- oder Auslands vorgetragen werden, vor allem wenn es sich um ausländische Akademiker handelt. Dies gilt selbst dann, wenn das, was die Anhänger des Marktes zu sagen haben, ebenso einfach wie offenkundig ist. Bei ihren Vortragsveranstaltungen sprechen die Akademiker zu einem tief in marktfeindlichen Ideen befangenen Publikum, das diese Ideen von fast allen westlichen Besuchern übernommen und den Fachbüchern und der sonstigen wirtschaftlichen Fachliteratur entnommen hat, die in diese Länder gelangten. Was die Anhänger des Marktes sagen, stimmt mit den materiellen Interessen und den politischen und emotionalen Neigungen der lokalen Akademiker, Politiker und Beamten nicht überein. Es steht zudem im Widerspruch zu der von den residierenden Vertretern der internationalen Organisationen und der westlichen Stiftungen und Regierungen vertretenen Meinung, d.h. im Widerspruch zu allen wichtigen Quellen von Geld und Protektion.[7] Für die marktfreundlichen Akademiker und Geschäftsleute ist dies eine große Belastung. Wie immer es um ihren eigenen Standpunkt bestellt sein mag, sie müssen in Gesellschaften mit einer starken autoritären Tradition leben und arbeiten, in denen ihr berufliches und finanzielles Überleben vom Staat oder von der Unterstützung durch westliche Akademiker, Intellektuelle oder Geldgeber abhängt. Marktfreundliche Besucher haben wenig Chancen, die öffentliche Meinung in dauerhafter Weise zu beeinflussen. Dennoch kann der Besucher diesen marktfreundlichen Akademikern und Geschäftsleuten helfen, ihre Orientierung nicht zu verlieren und sich ihren gesunden Menschenverstand und ihre Selbstachtung zu bewahren.

Ein Beispiel möge die Lage veranschaulichen. 1970 hielt ich an etwa einem Dutzend der führenden indischen Universitäten und Wirtschaftsforschungsinstitute Vorlesungen. Überall wurde die sozialistische Planwirtschaft mit größter Selbstverständlichkeit als unerläßliche Vorbedingung für die Steigerung des Lebensstandards angesehen. Meinen verschiedenen Gastgebern zufolge (die mich, wie ich hinzufügen möchte, mit ausgesuchter Höflichkeit behandelten) ging es nur darum, zwischen dem, wie sie sagten, chinesischen und dem sowjetischen Entwicklungsmodell zu wählen. Das Übergewicht der Marktgegner in den akademischen Kontakten zwischen dem Westen und der Dritten Welt hat nicht nur die Vorstellung gefördert, daß umfassende zentrale Planung bzw. eine sozialistische Volkswirtschaft unerläßliche Voraussetzung für die Entwicklung ist, sondern hat auch die Meinung bekräftigt, daß eine solche Politik soziale und wirtschaftliche Gerechtigkeit fördert oder sogar bereits beinhaltet und daß diese Politik die überwältigende oder sogar einmütige Unterstützung der angesehenen Akademiker genießt.[8]

Zudem stellen die Gegner des Marktes die Geschichte des vorrevolutionären Rußland, den darauffolgenden Gang der Ereignisse und die heutigen Zustände in der Sowjetunion verzerrt dar. Andererseits übermitteln sie der Dritten Welt konsequent diejenigen theoretischen Entwicklungen der heutigen Wirtschaftsanalyse, die Unvollkommenheiten der marktwirtschaftlichen Ordnung hervorheben. Bedauerlicherweise haben sie kein einziges Mal die Kosten und Folgen der Alternativen zum marktwirtschaftlichen System geprüft — Alternativen, die stets in idealisierter Form dargestellt werden.

Das Erbe des Kolonialismus

Den größten Teil ihrer Geschichte hindurch stellte die britische Kolonialherrschaft im großen und ganzen eine Form eingeschränkter Regierung dar — paternalistisch und autoritär, aber eingeschränkt. Gegen Ende der britischen Kolonialherrschaft wurden jedoch in ganz Afrika und in geringerem Maße auch anderenorts umfassende und alle Bereiche durchdringende staatliche Wirtschaftskontrollen eingeführt.[9] So kam es, daß die Briten den neuen, unabhängigen Regierungen den fertigen Rahmen eines dirigistischen oder sogar totalitären Staates übergaben.

Wahrscheinlich hätten die Regierungen der Dritten Welt auch ohne Kolonialherrschaft, oder was das betrifft, auch ohne ausländische Hilfe, den Versuch unternommen, Einrichtungen dieser Art zu schaffen und eine Politik dieses Stils einzuführen. Ohne das von den Kolonialregierungen gegebene Beispiel und das vom Ausland bereitgestellte Personal und die finanziellen Mittel wäre es ihnen jedoch kaum gelungen, derartige Einrichtungen aufzubauen und eine entsprechende Politik in die Praxis umzusetzen.

Die Errichtung weitgehend gelenkter Volkswirtschaften, wie sie von den scheidenden britischen Kolonialbeamten übergeben und nach Möglichkeit durch westliche Hilfe gefördert wurden, spiegelt den konkreten Einfluß politischer, geistiger, administrativer und kommerzieller Interessen und Bemühungen sowie das Auf und Ab von Mode und Bequemlichkeit wider. Einige dieser Kontrollen, vor allem die Ausfuhrmonopole, dienten Politikern der Dritten Welt, die einflußreiche Persönlichkeiten auf der internationalen Bühne wurden, als Machtbasis.
Und doch war diese Politik nicht notwendigerweise eine Folgeerscheinung des Kolonialismus. Die britischen Kolonialbeamten schätzten die Rolle der Märkte und die Funktion der Handeltreibenden, in Britisch-Afrika bis in die späten 20er Jahre und in Südostasien noch sehr viel länger.[10] Zu der offiziellen Feindseligkeit kam es weitgehend deswegen, weil die Zahl der Verwaltungsbeamten und Fachleute anstieg, die keinerlei Kontakt zur Wirklichkeit des Wirtschaftslebens hatten und wirtschaftliche Kontrollen für ordentlicher hielten als die Kräfte des Marktes; zu dieser Feindseligkeit trugen auch die Entwicklung intellektueller Moden und Ideologien bei, die dem privaten Handel feindlich gesinnt waren, und der Glaube an die Leistungsfähigkeit weitgehend gelenkter Volkswirtschaften, angeblich im Interesse der Bevölkerung, aber in Wahrheit zum politischen, persönlichen und finanziellen Nutzen der Politiker und Verwaltungsbeamten und in einigen Fällen zum Nutzen einflußreicher Handelsinteressen. So kam es, daß der Lebensunterhalt der großen Mehrheit der einheimischen Bevölkerung schließlich von Regierungen abhing, die in den letzten Jahren des britischen Kolonialismus durch verschiedene politische Maßnahmen mit beinahe totalitären Befugnissen ausgestattet worden waren.

Marktfeindliche Gruppen

Gruppen in der Dritten Welt

In den weniger entwickelten Ländern ist eine marktfeindliche Haltung unter den einflußreichsten und politisch wirksamsten Gruppen weit verbreitet. Der Ersatz des Marktes durch von der Regierung auferlegte wirtschaftliche Kontrollen entspricht den politischen, emotionalen und finanziellen Interessen dieser Gruppen. In der Landbevölkerung, d.h. der großen Masse der Bevölkerung in den meisten unterentwickelten Ländern, ist eine konsequente Marktfeindlichkeit kaum festzustellen. Die Menschen zeigen im allgemeinen wenig Interesse an politischen oder öffentlichen Angelegenheiten über die Stammes- oder Dorfesebene hinaus; in der gesamten Dritten Welt ist die Kluft in bezug auf die politische Wirksamkeit und das Vermögen, die öffentliche Diskussion in eine bestimmte Richtung zu lenken, zwischen der Stadtbevölkerung und der Landbevölkerung, zwischen den lautstarken und artikulierten Gruppen und den nichtorganisierten Gruppen sehr groß — sehr viel größer als im Westen. Wir müssen unser Augenmerk folglich auf diejenigen konzentrieren, die einen entscheidenden Einfluß auf die öffentliche Meinung und die Politik ausüben, also im wesentlichen auf Intellektuelle und Akademiker, Schriftsteller und Mitarbeiter der Medien, auf die Politiker, die gleichzeitig Literaten sind, und auf die Administratoren (vor allem die Beamten und in geringerem Maße die Angehörigen anderer Berufsgruppen) sowie auf die Geschäftsleute in den Städten. In einigen Ländern sind auch die religiösen Führer und Priester in unserem Zusammenhang wichtige Akteure. (Armeeoffiziere gestalten den Gang der Ereignisse häufig mit, sind jedoch selten die Quelle allgemeiner Ideen.)

Die Intellektuellen, Politiker und Administratoren sind

oft eng miteinander verbunden. Die jeweilige Bedeutung dieser Gruppen als Träger der Marktfeindlichkeit ist bis zu einem gewissen Grade Sache der persönlichen Beurteilung und zum Teil willkürlich, weil sie sich so häufig überschneiden. Im großen und ganzen spielen die Intellektuellen und Beamten, einschließlich der Mitarbeiterstäbe und Sprecher der internationalen Organisationen, eine wichtigere Rolle als Politiker, Armeeoffiziere und Geschäftsleute. (In einigen Regionen, vor allem in Lateinamerika, stellt der Klerus möglicherweise eine Zwischenkategorie dar.) Die letztgenannten Gruppen verfügen über weniger internationale Kontakte und haben weniger Interesse an allgemeinen Fragen. Sie sind vielfach bereit, eine marktfeindliche Haltung hinzunehmen, und ziehen möglicherweise daraus Nutzen; andererseits sind sie jedoch weniger dazu in der Lage, eine Haltung dieser Art in einem großen Bereich von öffentlichem Belang auszulösen. Die enge Verbindung zwischen den Intellektuellen — insbesondere Akademikern, Beamten und Politikern — ist vor allem in Indien von großer Bedeutung.

Die große Distanz dieser Gruppen zu der übrigen Bevölkerung fördert ein Gefühl der Überlegenheit, welches ihnen suggeriert, sie hätten ein in vielen Fällen als Pflicht rationalisiertes Recht, die wirtschaftliche Tätigkeit und das Konsumverhalten ihrer Mitmenschen zu steuern. Sie befürworten den Ersatz des Marktes durch staatliche Lenkung. Außerdem verhelfen sozialistische Planwirtschaften den Intellektuellen zu Status- und Machtpositionen, wie es sie in einer marktwirtschaftlichen Ordnung nicht gibt. Ihre Ideen werden von den entsprechenden Gruppen im Westen geteilt, aber sie haben in der Dritten Welt, wo sie sich wegen der Diskrepanz in bezug auf die politische Wirksamkeit sehr viel leichter in die Praxis umsetzen lassen, einen wesentlich stärkeren Einfluß.

Dieser Unterschied in der politischen Wirksamkeit wird

durch andere Faktoren noch verstärkt. Dazu gehört beispielsweise der stärker autoritäre Charakter der Kulturen der Dritten Welt; die Unterwerfung des Einzelnen unter die Autorität der Herrschenden und des Brauchtums ist umfassender und unbestrittener als im Westen. Durch ihre Einstellung verstärkten die Kolonialbeamten, die zu einer feindlichen Haltung gegenüber dem Markt und seinen aktivsten Vertretern neigten, einige Auswirkungen dieser autoritären Tradition noch. Häufig mißtrauten sie den Handeltreibenden, deren Tun ihnen unverständlich erschien und die ihren Anordnungen und Befehlen weniger zugänglich waren als ihre Untergebenen.

Internationale Organisationen

Die offensichtlich unhaltbare Idee, der Welthandel schade der weniger entwickelten Welt, wurde von den Mitarbeitern und Helfern der internationalen Organisationen entwickelt und verbreitet, vor allem vom Generalsekretariat der Vereinten Nationen und der Wirtschaftskommission für Lateinamerika. Diese Institutionen haben mit großem Eifer auf angebliche Mängel der marktwirtschaftlichen Ordnung hingewiesen und daraus die Notwendigkeit einer zentralen Planung als Voraussetzung für die Entwicklung der armen Länder abgeleitet. Konsequent wurden diejenigen Regierungen in der Dritten Welt begünstigt, die sich um die Errichtung staatlich gelenkter Wirtschaften bemühen, und häufig stellten sie ihnen das Personal für die Verwaltung von staatlichen Exportmonopolen, Staatshandelsgesellschaften, staatlich verwalteten Genossenschaften, Planungskommissionen usw. zur Verfügung.

Die Vereinten Nationen und ihre Unterorganisationen haben die marktfeindliche Haltung auf noch bedeutsamere Weise gefördert. Sie entwickelten und förderten die Vorstellung von einer weitgehend einheitlichen unterentwickelten oder Dritten Welt bzw. die Vorstellung von einer Dritten Welt mit weitgehend identischen Interessen, die zu denjenigen der westlichen Marktwirtschaften im Widerspruch stehen. Viele der einflußreichsten, tatkräftigsten und zielbewußtesten Mitarbeiter der internationalen Organisationen verstehen sich selbst als Sachwalter einer solchen Dritten Welt. Diese Organisationen haben die Vorstellung von der Dritten Welt als einer geeinten und liebenden Bruderschaft von vom Westen ausgebeuteten Ländern in maßgeblicher, ja vielleicht ausschlaggebender Weise gefördert.

Die internationalen Organisationen versuchen zudem systematisch, die weniger entwickelten Länder zu einem Block zusammenzuschließen, der den Vertretern der Marktwirtschaft als geschlossene Front gegenübersteht. Sie veranstalten informelle Treffen für Vertreter der weniger entwickelten Länder und versorgen deren Sprecher mit Material, das fast stets eine antiwestliche Grundtendenz aufweist. Eine Serie solcher Treffen wurde beispielsweise vor der ersten Konferenz der Vereinten Nationen für Handel und Entwicklung im Jahre 1964 von den Regionalausschüssen der Vereinten Nationen veranstaltet, um die Dritte Welt mit Hintergrundmaterial zu versehen (und sie im übrigen auch gegen den Westen zusammenzuschließen).

Sonstige Gruppen

Viele Leute im Westen, darunter einige einflußreiche Gruppen, sind im Laufe der Zeit aus verschiedenen Gründen dazu gelangt, ihre eigene Gesellschaft und einige ihrer Einrichtungen abzulehnen oder sogar zu hassen; dies gilt insbesondere für die marktwirtschaftliche Ordnung. Sie scheinen in eine Art private Auseinandersetzung verwickelt zu sein, in der sie die weniger entwickelten Länder als ihre Verbündeten betrachten. Sie erscheinen ihnen als eine homogene und weitgehend geeinte Gruppe, wobei man sich darauf verlassen kann, daß ihre Regierungen und Vertreter sowohl den Westen wie die marktwirtschaftliche Ordnung angreifen.[11]

Auch die Anthropologen und Missionare sind Quellen der Marktfeindlichkeit in der Dritten Welt. Sie neigen dazu, den Zerfall althergebrachter Weisen zu beklagen. Es ist richtig, daß schneller und uneinheitlicher Wandel zu schweren Belastungen führen und Härten mit sich bringen kann. Belastungen und Härten dieser Art erfordern jedoch weit differenziertere Entscheidungen als die Auferlegung von Monopolen oder sonstigen wirtschaftlichen Kontrollen.

In den westlichen Ländern sind die Missionare und Kirchen zu einer lautstarken und artikulierten Quelle der Marktfeindlichkeit geworden, vor allem durch die mit Nachdruck vorgebrachte Behauptung, der Westen sei an der Armut der Dritten Welt schuld. Behauptungen dieser Art mögen die staatliche Entwicklungshilfe und auch die Beseitigung westlichen Einflusses in der Dritten Welt fördern — mit Ausnahme des Einflusses der internationalen Organisationen, der Kirchen und der professionellen Menschheitsbeglücker. Diese Aktivitäten entspringen möglicherweise dem Wunsch der Kirchen, zu zeigen, daß sie auf dem laufenden und ›relevant‹ sind. Noch bedeutsamer ist vielleicht, daß sie sich heute offensichtlich auf der Suche nach einer neuen Rolle befinden, und zwar der einer Sozialhilfeeinrichtung zugunsten entfernter Völker. Vielleicht ist es diese Einstellung, die sich hinter ihrer unkritischen Übernahme der Ideen von Ausbeutung verbirgt.

Marktfeindliche Ideen

Der Marxismus-Leninismus

Das Gefühl der Überlegenheit seitens der verwestlichten und bis zu einem gewissen Grade verwestlichten Gruppen in der Dritten Welt ist oft mit einem Gefühl der Isolierung verbunden, das die Betreffenden unglücklich macht. Während die Intellektuellen sich ihren Mitmenschen weit überlegen fühlen, bestehen sie darauf, deren Gesellschaften zu vertreten. Sie wünschen sich häufig, daß dies so wäre, wissen jedoch genau, daß es in Wahrheit nicht den Tatsachen entspricht.[12] Dies Gefühl der Isolierung kommt noch zu den Belastungen hinzu, die sich aus dem Verfall traditioneller Überzeugungen und Werte und Loyalitätskonflikten als Folge verhältnismäßig neuer Kontakte mit grundsätzlich verschiedenen und materiell fortgeschritteneren Gesellschaften ergeben. Diese Ausgangslage macht die Intellektuellen und die gebildeten Schichten für einen umfassenden Glauben empfänglich, vor allem dann, wenn er die emotionale Integration oder Reintegration mit ihren Mitmenschen verheißt. Hierin liegt die Anziehungskraft des Marxismus-Leninismus ganz wesentlich begründet.[13] In diesem Zusammenhang muß man sich die drei entscheidenden Merkmale des Marxismus-Leninismus ins Gedächtnis rufen: erstens stellt er ein geistiges Gerüst der Methode, Analyse und Beobachtung mit dem Anspruch dar, die Funktionsweise und künftige Entwicklung der Gesellschaft zu erklären; zweitens ist er eine allumfassende Heilsbotschaft, die Erlösung, wenn auch in einer nicht genau definierten Zukunft, verspricht — Erlösung jedenfalls hier auf Erden, wenn auch nicht unmittelbar; drittens stellt er ein Programm für politisches Handeln dar.

Die Anziehungskraft des Marxismus-Leninismus in der Dritten Welt hat weder etwas mit seinen Vorzügen noch mit seinen Nachteilen als geistiges Gerüst zu tun. Sie beruht auf der allumfassenden Heilsbotschaft und auf dem politischen Programm, auf der Verheißung der Erlösung hier auf Erden und schließlich auf dem Versprechen einer Gesellschaft, in der die Herrschenden ungeheuere Macht über ihre Mitmenschen genießen, während sie gleichzeitig emotional eine Einheit mit ihnen bilden. Diese Anziehungskraft wird durch die marxistische Lehre von der Ausbeutung noch verstärkt, der zufolge Armut stets das Ergebnis einer ausbeuterischen Gesellschaftsordnung ist; hinzu kommen das Vorhandensein eines theoretischen Unterbaus, der, wie mangelhaft er auch sein mag, einer Heilsbotschaft intellektuelle Respektabilität verleiht, sowie die politischen und militärischen Erfolge der kommunistischen Bewegungen und Parteien, die in zwei der größten und mächtigsten Ländern der Welt die Macht übernommen haben. Der sozialistische Einfluß in den Medien und auf die Kommunikation stellt sicher, daß diese Erfolge so werbewirksam wie nur irgend möglich herausgestellt werden, während gleichzeitig die sozialen und wirtschaftlichen Kosten der Innenpolitik heruntergespielt werden oder sogar vollkommen unerwähnt bleiben. Möglicherweise rührt der Einfluß des Marxismus-Leninismus in der Dritten Welt von Lenins Schrift *Der Imperialismus als höchstes Stadium des Kapitalismus* her, eine Schrift, die Millionen von Menschen beeinflußt hat, die sie nicht gelesen haben oder ihren Inhalt nur vom Hörensagen kennen. Sie wissen, daß dieses Werk weithin gerühmt wurde und zahllose Politiker, Schriftsteller und Veröffentlichungen beeinflußt hat, daß sein Verfasser sich zum Herrn einer Weltmacht aufschwang und daß er schrieb, der Kapitalismus könne sich nur dadurch am Leben erhalten, indem er die übrige Welt ausbeute. Die jeder sachlichen Grundlage entbehrenden Ideen dieses Buches und vieler späterer, in die gleiche Richtung zielende Veröffentlichungen üben nach wie vor einen außerordentlichen Einfluß aus und sind eine Quelle der Marktfeindlichkeit in der Dritten Welt.[14]

Ausbeutung

Die Lehre von der Ausbeutung, vor allem der Ausbeutung der Dritten Welt durch den Westen, hat entscheidend zu der Anziehungskraft der marxistisch-leninistischen Ideologie in der Dritten Welt beigetragen.[15] Abgeleitet wird diese Lehre aus der grundsätzlichen Vorstellung, daß Einkommen aus Vermögen, Geschäft und Handel anderen Leuten eher abgepreßt als von ihren Beziehern verdient worden sind. Diese seit langer Zeit bestehende falsche Vorstellung genießt in der Dritten Welt weite Verbreitung und wird häufig mit der Lehre vom Imperialismus gekoppelt.[16] Viele Politiker halten es für innenpolitisch nützlich, mit Nachdruck die Auffassung zu vertreten, der Wohlstand des Westens sei auf Kosten der Dritten Welt im allgemeinen und ihres Landes im besonderen erzielt worden. Mit dieser Behauptung läßt sich das Unvermögen eines Landes, politische Versprechungen zu erfüllen, wie beispielsweise Wohlstand nach der Entkolonialisierung, leichter aus der Welt erklären.

Für die Marxisten sind Einkommen aus Vermögen gleichbedeutend mit Ausbeutung, und Dienstleistungsbetriebe gelten als unproduktiv. In vielen weniger entwickelten Ländern waren die Hauptträger des materiellen Fortschritts Kontakte mit dem Ausland, ethnische Minderheiten, Personal aus dem Ausland und ausländische Investitionen. Die ethnischen Minderheiten erfreuten sich häufig eines über dem Durchschnitt liegenden Einkommens, das sie in der Regel aus dem Handel und damit zusammenhängenden Tätigkeiten bezogen. Die Vorstellung, die

Einkommen der vergleichsweise Wohlhabenden seien irgendwie abgepreßt und weniger verdient und erwirtschaftet, besitzt vor allem dann eine besonders große emotionale und politische Zugkraft, wenn es sich bei diesen Wohlhabenden um die Angehörigen einer ethnischen oder religiösen Minderheit handelt.
Ausbeutung durch das Ausland erweist sich deswegen als eine besonders wirksame Vorstellung, weil sie mit Erfolg im Westen Schuldgefühle hervorruft und zu bedeutenden politischen und finanziellen Leistungen an die Regierungen der Dritten Welt führt. Wenn die westlichen Gewinne durch Ausbeutung erwirtschaftet werden, ist die Enteignung ausländischer Unternehmen nicht nur gerechtfertigt, sondern sogar notwendig, um die Bevölkerung vor Ausbeutung zu schützen und dem Land zu wahrer Unabhängigkeit zu verhelfen.

Die Schuld des Westens

Ein weitverbreitetes Schuldgefühl hat auch den Westen dazu geführt, die Vorstellung von der Ausbeutung der Dritten Welt durch das Ausland, wenn auch häufig unbewußt, zu akzeptieren. Vor allem in Amerika wurde die Übernahme dieser Idee durch den Glauben an die natürliche Gleichheit der Menschen und einen unhistorischen Denkansatz bei der Untersuchung wirtschaftlicher und sozialer Verhältnisse gefördert. Wenn wir alle Menschen für von Natur aus gleich halten und die Geschichte als Humbug ansehen, so werden wir wahrscheinlich auch die Vorstellung akzeptieren, daß Einkommensunterschiede ein Beweis dafür sind, daß irgendeine böswillige Kraft den natürlichen Gang der Dinge verändert hat.
Die Medien, die Geisteswissenschaften und die Universitäten überschwemmen die weniger entwickelte Welt mit

einem unaufhörlichen Strom von Behauptungen, die westliche Schuld betreffend, und fördern auf diese Weise die marktfeindliche Haltung. Abgesehen von der unmittelbaren Ausbeutung durch ausländische Investitionen drängt der Markt angeblich der Dritten Welt unerwünschte Waren auf, zerstört einheimische Industrien oder behindert deren Aufbau, alles zum Nutzen des Westens, verschmutzt die Umwelt, erschöpft die Ressourcen, fördert die Ungleichheit und untergräbt die Tradition (oder ist den traditionellen Herrschern umgekehrt bei der Unterdrückung der Bevölkerung behilflich, falls sich dies in dem jeweiligen Zusammenhang als wirksamere Anschuldigung erweisen sollte). Angeblich schaden die externen Marktkräfte den weniger entwickelten Ländern auch dadurch, daß sie ihnen ungünstige und sich ständig verschlechternde Austauschbeziehungen aufzwingen und erhebliche Schwankungen in den Weltmarktpreisen und Exporterlösen verursachen. Diese Ideen stammen aus dem Westen und treiben in der Dritten Welt üppige Blüten. Sie entbehren jeglicher sachlichen Grundlage; für viele arme Länder waren Kontakte mit dem Ausland der Hauptantriebsmotor für die Entwicklung.[17]

In diesen Vorwürfen erscheint die Dritte Welt als ein einheitlicher, geschlossener Verband, dessen einzelne Teile identische Interessen haben, die nur zu denen des Westens im Widerspruch stehen. Diese Anschuldigungen haben auch den Brauch der weltweiten Zusammenlegung und Durchschnittsberechnung von Einkommen, Austauschbedingungen und anderen Begriffen und Größen gefördert, die die ungeheuere Unterschiedlichkeit in den äußeren gesellschaftlichen und wirtschaftlichen Bedingungen innerhalb der weniger entwickelten Welt verdecken. Auf diese Weise wird die Ansicht gefördert, Unterschiede in bezug auf Einkommen und Wohlstand seien sowohl im eigenen Land wie auf internationaler Ebene unnormal und tadelnswert und spiegelten Mängel der marktwirtschaftlichen Ordnung wider; folglich erscheint eine umfassende zwangsweise Senkung von Einkommensunterschieden ebenso machbar wie wünschenswert.

Auch die staatliche Entwicklungshilfe stellt eine eigenständige Quelle der Marktfeindlichkeit dar.[18] Da sie an Regierungen geleistet wird, stärkt und vergrößert sie den staatlichen Sektor gegenüber dem privaten Sektor. Zudem ist sie eine Quelle von Geld und Protektion. In der Praxis verstärkt sich der Einfluß der Entwicklungshilfe in bezug auf die Förderung von staatlich gelenkten Wirtschaften noch durch die Zuteilungskriterien, die diejenigen Regierungen begünstigen, die sich um die Errichtung derartiger Wirtschaftsordnungen bemühen. Diese Kriterien werden, vor allem in den Vereinigten Staaten, entsprechend den Vorschriften der akademischen Nationalökonomen bestimmt. Und die Bedeutung dieser Kriterien steigert sich noch durch den Einfluß der Marktgegner bei der Verwaltung und Verteilung der entsprechenden Mittel vor Ort. Die ausländische Entwicklungshilfe trägt auch zur Politisierung des Lebens bei, d. h., sie fördert die Tendenz, alles zu einer politischen Angelegenheit zu erklären, wobei die Politisierung des Lebens wiederum politische Spannungen hervorruft und verschärft, die ihrerseits eine marktfeindliche Haltung auslösen, vor allem in den vielrassischen Gesellschaften. Viele sich auf dem Wege zu einer totalen Sozialisierung befindenden Empfängerregierungen haben ethnische Minderheiten und andere wirtschaftlich produktive, aber politisch unwirksame Gruppen des Landes verwiesen. Insgesamt gesehen stellt die staatliche Entwicklungshilfe in der Praxis eine wichtige marktfeindliche Kraft dar.

Mißerfolge des Marktes und dirigistische Maßnahmen
Armut und Fortschritt

Paradoxerweise wurden sowohl die materielle Armut der weniger entwickelten Länder wie auch die häufigen Beispiele für rasche Fortschritte als Argumente für eine marktfeindliche Einstellung benutzt. Artikulierte Gruppen im Westen wie in der Dritten Welt führen die vergleichsweise Armut der weniger entwickelten Länder vielfach als Beispiel für das Unvermögen des Marktes an, Entwicklung und Wohlstand zu gewährleisten, wobei dieses Unvermögen durch die Ausbeutung seitens des Auslands angeblich noch verstärkt wird. Aus diesen Fehldiagnosen leiten sie die Notwendigkeit einer umfassenden Planung, einer totalen Politisierung des Lebens, der Enteignung ausländischer und inländischer Unternehmen oder sogar der zwangsweisen Kollektivierung der Landwirtschaft ab.

Als ebenso paradox ist die Tatsache anzusehen, daß die in den vergangenen Jahrzehnten in vielen Ländern der Dritten Welt erzielten raschen Fortschritte häufig ein marktfeindliches Klima förderten. In vielen Teilen Asiens, Afrikas und Lateinamerikas wurden rasche Fortschritte erreicht, hauptsächlich als Ergebnis der mit dem Westen hergestellten Kontakte. Zwar wurden diese Fortschritte innerhalb sehr kurzer Zeit erzielt, aber sie wirkten sich sehr ungleich aus; einige Gruppen und Regionen wurden früher und weitreichender als andere betroffen, was erhebliche politische und soziale Spannungen verursachte.

Diese Spannungen verstärkten sich noch dadurch, daß einige Gruppen und Einzelpersonen sich den wandelnden Verhältnissen schneller und erfolgreicher anpaßten und die sich bietenden wirtschaftlichen Chancen besser zu nutzen verstanden als andere. Für diese verschiedenen sozialen und politischen Spannungen wurde schließlich das marktwirtschaftliche System ursächlich verantwortlich gemacht, das in die Hände seiner Gegner spielt.

Marktrisiken

Eine weitere Quelle der Marktfeindlichkeit ist der Glaube, es bedürfe dirigistischer Maßnahmen, um die Menschen vor den Risiken des Marktes zu schützen, insbesondere vor Preisschwankungen bei landwirtschaftlichen Ausfuhrerzeugnissen. Bisweilen geht dieser Glaube mit sentimentalen Vorstellungen von der Funktionsweise einer nur das Existenzminimum produzierenden Volkswirtschaft einher. Eine Wirtschaftsordnung dieses Typs läuft zwar auf niedrigen Touren, gilt jedoch als sicher oder gemütlich. Dies ist ein Irrtum. Zu Hungersnöten und den schlimmsten epidemischen und endemischen Krankheiten kommt es in Volkswirtschaften, die nur das Existenzminimum produzieren, weil sie sehr arm sind, keine Reserven angesammelt haben und über keinen Zugang zu externen Ressourcen und Reserven verfügen. Obwohl die Gefahren einer nur das Existenzminimum produzierenden Wirtschaft also sehr viel ernster sind als dic cincr Marktwirtschaft, werden sie bereitwilliger hingenommen, weil sie unvermeidlich erscheinen, die Gründe klarer zutage liegen und offensichtlich nicht Menschen anzulasten sind. Im Gegensatz dazu scheinen die Ursachen für wirtschaftliche Rückschläge in einer Marktwirtschaft — wie beispielsweise ein Rückgang der Ausfuhrpreise oder ein Anstieg der Einzelhandelspreise — weniger klar erkennbar und lassen sich überzeugender auf menschliche Böswilligkeit und menschliches Versagen zurückführen, was sie suspekt erscheinen läßt. So werden Preisschwankungen häufiger als Grund für dirigistische Maßnahmen an-

gesehen als Schwankungen in den Ernteerträgen selbst, obwohl letztere größere Härten verursachen.
Die Vorstellung, die Bevölkerung müsse vor den Härten der Preisschwankungen geschützt werden, diente als Rechtfertigung für die Errichtung staatlicher Ausfuhrmonopole mit dem ausschließlichen Recht auf den Aufkauf der Ernteerträge. In vielen asiatischen und afrikanischen Ländern zahlen die entsprechenden Stellen den Bauern seit Jahren einen Bruchteil der Marktpreise, wodurch sie den größten Teil ihrer Einkommen wegsteuern. Dies hat die Ausweitung der Devisenwirtschaft verzögert und den Umfang des privaten Sparens eingeschränkt, was sich wiederum hinderlich auf das Entstehen einer einheimischen kapitalistischen Klasse auswirkte. Dabei waren selbst die in den Händen der Bauern verbliebenen, sehr bescheidenen Einkommen aufgrund der Sprunghaftigkeit der staatlichen Politik erheblichen Schwankungen unterworfen.
Dirigistische Maßnahmen haben den Bauern oder anderen, ihnen untergebenen Wirtschaftssubjekten keine wirkliche Stabilität gebracht. Diese Maßnahmen sind ebenso wie die sich daran anschließende Politisierung des Lebens mit Risiken verbunden, die schwerer wiegen und weniger überschaubar sind als die des Marktes. Schwanken die Preise für landwirtschaftliche Erzeugnisse, so haben die Erzeuger (oder, was das betrifft, auch die Regierungen) schließlich die Möglichkeit, Reserven anzulegen. Gegen den Entzug einer Handelslizenz, die Beschlagnahmung von Einkommen oder Vermögen oder die Deportation gibt es einen solchen Schutz nicht.

Spricht man von Planung, so wird häufig Vorausschau im privaten oder geschäftlichen Verhalten gleichgesetzt oder vermischt mit staatlicher Kontrolle der wirtschaftlichen Aktivitäten. Das bedeutet, daß individuelle Entscheidungen durch staatliche Entscheidungen im Wirtschaftsleben ersetzt werden.

Tatsächliche oder versuchte staatliche Kontrolle jeder wirtschaftlichen Tätigkeit, die über die Produktion des Existenzminimums hinausgeht — dies versteht man inzwischen allgemein unter Planung im Rahmen der Entwicklungspolitik der Dritten Welt.

Definiert man Planung auf diese Weise, so besitzt sie für Politiker, Administratoren und Intellektuelle offensichtlich große Anziehungskraft, denn sie schafft Machtpositionen, die die Mitglieder dieser Gruppe einzunehmen hoffen, mit all den damit verbundenen politischen, emotionalen und finanziellen Vorteilen. Eine weitere Ursache für den Erfolg dieser Idee ist die irrige Vorstellung, die Planung ersetze ein irrationales und verworrenes System durch ein auf Methode, Vernunft und wissenschaftlichen Erkenntnissen aufbauendes System. Die Anziehungskraft dieser Idee verstärkt sich noch weiter, wenn Planung mit der umfassenden Heilsbotschaft des Marxismus-Leninismus gekoppelt wird. Diese Koppelung ist von besonderer Bedeutung in der Dritten Welt, wo sich die Literaten der übrigen Bevölkerung weit überlegen fühlen, während sie gleichzeitig ihre Isolierung beklagen. Dirigistische Maßnahmen lösen weder das durchaus vorhandene emotionale Problem der entfremdeten Intellektuellen noch die durchaus vorhandenen oder vermeintlichen Probleme des Marktversagens. Dies ändert jedoch nichts an der grundsätzlich bestehenden Anziehungskraft der Planung, vor allem deswegen, weil die Menschen selten über die politischen Auswirkungen und die sozialen und wirtschaftlichen Folgen umfassender Planung unterrichtet werden.

Wirtschaftsinteressen

Auch einheimische und ausländische Vertreter der Wirtschaft haben häufig dirigistische Maßnahmen begrüßt. Verständlicherweise hegen die Menschen gewöhnlich den Wunsch, den Knappheitswert ihrer Arbeitsleistung zu erhöhen, indem sie vorhandene oder potentielle Konkurrenten im Zaum halten. Akademische Nationalökonomen werfen der Wirtschaft häufig vor, einschränkende Maßnahmen zu unterstützen oder sich um direkte Subventionen zu bemühen, wodurch sie die marktwirtschaftliche Ordnung schwächt oder sogar untergräbt, angeblich gegen ihre eigenen, vor allem langfristigen Interessen. Diese Vorwürfe gehen an dem zentralen Problem vorbei. Verfolgt jemand seine unmittelbaren Interessen, so ist zu erwarten, daß er dies konsequent tut. Die Befürwortung einer Politik einschränkender Maßnahmen ist nicht notwendigerweise kurzsichtig, da weder die unmittelbaren Kosten noch die äußersten Konsequenzen von denjenigen zu tragen sind, die diese Maßnahmen unterstützen. Man kann sogar argumentieren, daß Aufsichtsratsmitglieder oder Geschäftsführer von Aktiengesellschaften ihre Pflicht versäumen, wenn sie die für das von ihnen geleitete Unternehmen günstigen einschränkenden Maßnahmen nicht unterstützen. Als Folge der nur allzuhäufig durch westlichen Druck bewirkten Politisierung des Wirtschaftslebens hängen die Zukunftsaussichten oder sogar der Fortbestand von Unternehmen in den weniger entwickelten Ländern häufig von politischen oder administrativen Entscheidungen ab. Energischer oder offener Widerstand gegen eine Politik beschränkender Maßnahmen ist in der Dritten Welt für die Geschäftsleute in vielen Fällen schädlich und kann sogar wirtschaftlichem Selbstmord gleichkommen.

Ähnliche Überlegungen gelten für das Versäumnis der Vertreter der Wirtschaft, gegen die Marktfeindlichkeit der Universitäten und Medien Widerstand zu leisten. Wirksame Maßnahmen zur Beeinflussung des öffentlichen Klimas sind schwierig, teuer und kompliziert, müssen genau durchdacht sein und eine gewisse Subtilität aufweisen. Die Undurchschaubarkeit des Entscheidungsprozesses liegt in der Natur des marktwirtschaftlichen Systems, so daß man in diesem Sinne von einem zerstückelten System sprechen kann. Die Kosten von Versuchen, die öffentliche Meinung in einer Grundsatzfrage zu beeinflussen, sind von dem betreffenden Unternehmen zu tragen. Der möglicherweise anfallende Nutzen ist nur zu mutmaßen, tritt mit einer gewissen zeitlichen Verzögerung ein, läßt sich schwer messen und entschädigt diejenigen, die die anfallenden Kosten zu tragen haben, nur selten. Zudem fallen in einer marktwirtschaftlichen Ordnung Ressourcen denjenigen Leuten zu, die eine bestimmte praktische Aufgabe besonders gut erfüllen, d. h. Leuten, deren Fähigkeiten sich wesentlich vom Verständnis abstrakter Ideen und Konzeptionen unterscheiden. Triftiger in bezug auf das Verhalten der Geschäftsleute in diesem Bereich ist der Vorwurf, sie nähmen eine undifferenzierte Haltung gegenüber Ideen und ihren Lieferanten ein, wodurch sie entschlossenen und wirksamen Gegnern des Marktes massive Unterstützung leisteten.

Im Zusammenhang mit dieser Diskussion verdient ein merkwürdiger Gegensatz zwischen einer marktwirtschaftlichen Ordnung und einem sozialistischen System Beachtung. Die marktwirtschaftliche Ordnung liefert die Waren, die die Menschen wollen, aber ihre Anhänger sind

nicht dazu in der Lage, zu erklären, warum dies so ist; das sozialistische System liefert diese Güter nicht, d. h., es erfüllt seine Versprechungen nicht, aber seine Anhänger erklären auf äußerst geschickte Weise, warum es dies nicht tut, nicht kann oder sogar nicht tun sollte. Folglich ist das eine System reich an erwünschten Gütern und arm an wirksamen Argumenten, das andere ist arm an erwünschten Gütern, aber reich an wirksamen Argumenten.
An dieser Stelle mag eine kurze Zusammenfassung angebracht sein:

1. In vielen weniger entwickelten Ländern hat die Politisierung des Wirtschaftslebens die Einsätze im Kampf um die politische Macht und die Intensität dieses Kampfes wesentlich erhöht. Eine Situation dieser Art ruft unweigerlich politische Spannung hervor, vor allem in vielrassischen Gesellschaften. Als Ergebnis dieser Entwicklung wandten sich Gemeinschaften, die über Generationen oder sogar Jahrhunderte friedlich nebeneinander lebten, gegeneinander. Außerdem fand eine Verlagerung der Energie und Arbeitsleistung ehrgeiziger und einfallsreicher Leute von der wirtschaftlichen Tätigkeit in die Politik und Verwaltung statt, bisweilen aufgrund einer freiwilligen Entscheidung, ebensooft jedoch aufgrund einer gegebenen Notwendigkeit, da das wirtschaftliche oder sogar physische Überleben inzwischen von politischen Entwicklungen und administrativen Entscheidungen abhängt.
In vielen weniger entwickelten Ländern haben staatliche dirigistische Maßnahmen zudem die berufliche und geographische Mobilität innerhalb des einzelnen Landes eingeschränkt. Die Einschränkung der Kontakte mit dem Ausland und der Mobilität im Land selbst wirkt sich grundsätzlich nachteilig für die wirtschaftliche Entwicklung aus. Kontakte mit dem Ausland und die Freizügigkeit sind entscheidend an der Förderung von friedlichem,

ohne Zwang bewirktem Wandel von Ideen und Brauchtum beteiligt, einschließlich der Verbreitung neuer Produktionsmethoden, neuer landwirtschaftlicher Erzeugnisse, neuer Bedürfnisse, neuer Einstellungen und Gewohnheiten und eines dem materiellen Fortschritt günstigen Verhaltens.

2. Das Übergewicht der Marktgegner in den intellektuellen, akademischen und offiziellen Kontakten der Dritten Welt mit dem Westen hat die Marktfeindlichkeit wesentlich gefördert. Die internationalen Organisationen haben dabei eine entscheidende Rolle gespielt.

3. Die Bedeutung von Ideen und Ideologien als Quelle der marktfeindlichen Haltung in der Dritten Welt ist durch einen irreführenden, ungenauen und tendenziösen Sprachgebrauch noch gestiegen. So wird von den weniger entwickelten Ländern beispielsweise üblicherweise gesagt, sie seien ›beraubt‹ worden und ›unterprivilegiert‹. Man kann Menschen jedoch nicht einer Sache berauben, die sie nie besessen haben. Mit diesem Wort soll zu verstehen gegeben werden, der Westen habe die Armut der Dritten Welt verursacht. ›Unterprivilegiert‹ ist ein unsinniger Ausdruck. Unter einem Privileg versteht man von offizieller Seite verliehene Vergünstigungen, die anderen von offizieller Seite vorenthalten werden. Alle diejenigen, die sich also nicht im Besitz solcher Privilegien befinden, können unterprivilegiert genannt werden. Dieser Ausdruck ist folglich ein Widerspruch in sich selbst, so wie etwa die Wortbildung ›unterüberernährt‹.

Auch den Ausdruck ›Einkommensverteilung‹ haben wir allzu bereitwillig in unser Vokabular übernommen. Einkommen (mit Ausnahme von Subventionen) werden nicht verteilt, sondern verdient, d.h. erwirtschaftet. Es gibt keine Welteinkommensverteilung; es gibt nur die in der großen Zahl verschiedener Gesellschaften der Welt erwirtschafteten Einkommen. Schließlich sollten wir in diesem wie in anderen Zusammenhängen auch von *Unterschieden* und nicht von *Ungleichheiten* sprechen. Ersterer Begriff ist neutral; letzterer präjudiziert die Frage implizit. Auch dies fällt auf internationaler Ebene deutlich ins Auge.

4. Die militärischen, politischen und wirtschaftlichen Ressourcen der meisten unterentwickelten Länder sind dürftig oder sogar vollkommen unbedeutend. Dennoch werfen diese Ressourcen auf internationaler Ebene erhebliche Macht ab. In der Tat erniedrigt sich der Westen häufig vor Ländern ohne nennenswerte Ressourcen. Dieser Mangel an Selbstsicherheit spiegelt ein weitverbreitetes, aber unberechtigtes Schuldgefühl im Westen wider. Dieses Schuldgefühl rührt im wesentlichen von der Vorstellung her, der Wohlstand des Westens sei der Dritten Welt abgepreßt worden, und ist damit ein Beispiel für den folgenschweren Irrtum, die Einkommen der vergleichsweise Wohlhabenden seien auf Kosten der vergleichsweise Armen erzielt worden, d.h. die Vorstellung, der wirtschaftliche Prozeß sei ein Nullsummenspiel.

5. Die Marktfeindlichkeit ist häufig mit einer feindseligen Haltung gegenüber dem Westen gekoppelt. Viele Leute, die auf ihrer Meinung beharren, der Westen habe die Armut der Dritten Welt verursacht, sei es durch den Kolonialismus oder das Funktionieren des Marktes, gehören zu den unzufriedenen und enttäuschten Gruppen im Westen, die die weniger entwickelten Länder als nützliche Werkzeuge zur Förderung ihrer eigenen Belange in einer privaten Auseinandersetzung im Westen behandeln. Die Abschaffung der marktwirtschaftlichen Ordnung ist ihr Hauptziel. Zwar geben sie vor, um das Wohl der Dritten Welt besorgt zu sein, unterstützen dabei aber eine Politik, die zu akuter Not und massivem Leiden in diesen Ländern führt, wie beispielsweise am Schicksal der asiatischen Minderheiten in Afrika ersichtlich. Grundsätzlich

wird für Regierungen, die eine brutale und unmenschliche Politik verfolgen, unter der vor allem die Menschen der Dritten Welt zu leiden haben, die unerläßliche Unterstützung durch den Westen häufig durch ein Schuldgefühl gefördert oder ist zumindest mit Schuldbekenntnissen verbunden. Dem Gefühl der Schuld entspricht jedoch nur selten ein Gefühl der Verantwortung für die vor diesem Hintergrund betriebene Politik.

6. Der Westen unterstützt häufig die Leute, die seine Gegner sind oder seine Zerstörung anstreben. Eine großer Teil der ausgesprochen antiwestlichen und marktfeindlichen Literatur über die Dritte Welt und ihre Kontakte mit dem Ausland stammt von Politikern, Akademikern und Publizisten, die in hohem Maße von westlichen Regierungen unterstützt werden, sowie von internationalen Organisationen oder westlichen Stiftungen. Bestandteil dieser Literatur sind verzerrte Darstellungen der Geschichte, offenkundige wirtschaftliche Irrtümer und einfache Versehen. Der extreme Charakter eines Teils dieser Literatur und die weitgehende Abhängigkeit ihrer Verfasser von westlicher Unterstützung werden leicht übersehen. Leider haben weder die politische Grundtendenz dieser Veröffentlichungen noch ihre offensichtlichen Mängel das Ausmaß der Unterstützung verringert, deren sich ihre Verfasser erfreuen, noch die Wirksamkeit geschwächt, mit der sie die Feindseligkeit gegenüber dem Westen wie gegenüber der marktwirtschaftlichen Ordnung fördern.

Kommentar zu ›Die Marktfeindlichkeit in den weniger entwickelten Ländern‹

Nathan Glazer

Zwei Themen, die Peter Bauers Aufsatz sozusagen leitmotivisch durchziehen, ermutigen mich, seine scharfsichtige und beeindruckende Analyse der Dynamik der Marktfeindlichkeit in den weniger entwickelten Ländern noch ein Stück weiter voranzutreiben. Er hat zu Recht davor gewarnt, wie auch ich es hier tun muß, daß die großen Unterschiede zwischen den Ländern der Dritten Welt nahezu jedem denkbaren Kommentar den Anschein allzu starker Verallgemeinerung verleihen. Trotzdem haben auch Verallgemeinerungen, bedenkt man die ansonsten erforderlichen endlosen Ausnahmen und Anmerkungen, eine gewisse Überzeugungskraft.

Das erste Thema in Professor Bauers Aufsatz, das ich ein wenig weiterführen möchte, klingt früh an und kehrt häufig wieder: »Ein großer Teil der von der Dritten Welt ausgehenden Feindseligkeit hat ihren Ursprung im Westen.« Ideen über Volkswirtschaften und die Nationalökonomie werden, wie wir alle wissen, nicht automatisch aus Erfahrungen oder allgemein im Volk verbreiteten Erkenntnissen abgeleitet; wo dies doch zutrifft, ist es nicht entscheidend für ihre Gestaltung. Ideen über die Nationalökonomie sind mit umfassenden Theorien über Angelegenheiten verbunden, die im allgemeinen nicht zu dem herkömmlichen Interessenbereich der weniger entwickelten

Länder gehörten, bevor sie mit dem Westen in Kontakt kamen, und müssen folglich das Ergebnis eines Erziehungs- und Bildungsprozesses sein, der sich von der Vermittlung allgemein im Volk verbreiteter oder traditioneller Erkenntnisse unterscheidet. Erforderlich dafür sind Bücher, Zeitungen, Schulen, Universitäten, sorgfältig ausgearbeitete Darlegungen. So gesehen besteht zwischen Ideen über die Nationalökonomie und beispielsweise Ideen über das Sonnensystem oder die Medizin gar kein so großer Unterschied. Allgemein im Volk verbreitetes Wissen mag als Komponente darin enthalten sein, aber in der unterentwickelten wie auch in der entwickelten Welt sind dieses allgemein verbreitete Wissen und die Tradition als Komponenten bei der Gestaltung von Ideen in Fragen dieser Art durch ein sehr viel umfassenderes, aus dem Westen stammendes Element verdrängt worden. Es besteht also ein deutlicher und für die Erklärung der Marktfeindlichkeit in den weniger entwickelten Ländern bedeutsamer Zusammenhang zwischen den wirtschaftlichen Ideen der Intellektuellen, führenden Politiker, Ausbilder, Journalisten und Radiokommentatoren sowie anderer Leute, die auf die Vermittlung von Ideen in der Dritten Welt Einfluß haben, und dem Westen, der die Quelle von Ideen in einem Bereich wie dem Funktionieren der Wirtschaft sein muß, wie er auch die Quelle der Institutionen und Mechanismen ist, mit deren Hilfe diese Ideen übermittelt werden.

Hier stoßen wir (und keineswegs zum letzten Male) auf eine merkwürdige Sache. Erstens ist es in der entwickelten Welt der Teil, in dem (soweit davon irgendwo auf der Welt überhaupt die Rede sein kann) ein freier Markt und freie politische Institutionen vorhanden sind, der überwiegend die Quelle der Ideen ist, die die Entwicklungsländer beeinflussen. Nicht Moskau gestaltet die Ideen der führenden Politiker, Lehrkräfte, Intellektuellen und ähnlicher Personen in der Dritten Welt, sondern dies tun Paris, Rom und New York. Das soll nicht heißen, daß Moskau (und Peking und Havanna) keinen Einfluß hat, aber dieser Einfluß scheint mir eher politisch und militärisch als unmittelbar intellektuell zu sein; oder anders gesagt, es ist ein Einfluß durch die Macht des Beispiels (wobei in diesem Zusammenhang dann auch unbedingt Peking und Havanna anzuführen sind). Es sind jedoch die westlichen Intellektuellen — ›westlich‹ als Bezeichnung für den marktwirtschaftlich orientierten und demokratischen Teil der Welt verstanden —, die den angeblichen wirtschaftlichen Erfolg der kommunistischen Länder für die Intellektuellen der weniger entwickelten Welt interpretieren und die vor allem die vielfältigen Gründe darlegen, aus denen man den Markt und die demokratischen Institutionen bekämpfen sollte.

Unabhängig also von Moskaus Erfolgen bei der Verbreitung von Werken marxistischer Klassiker und marxistischer Fachliteratur im Bereich der Nationalökonomie in der Dritten Welt scheint mir dieser breite Propagandastrom keinen allzugroßen *unmittelbaren* Einfluß auf die Gestaltung der wirtschaftlichen Vorstellungen in der Dritten Welt auszuüben. Professor Bauer hat darauf hingewiesen, daß es die westlichen Berater, die Lehrkräfte und die Mitarbeiter internationaler Organisationen sind, die als Hauptquelle für die Lehre der Marktfeindlichkeit anzusehen sind. Die Interpreten von Marx oder anderer Sozialisten von Einfluß in der Dritten Welt sind mit größerer Wahrscheinlichkeit Engländer, Franzosen oder Amerikaner als Russen (oder Chinesen oder Kubaner).

Der Einfluß der westlichen Universitäten

Es gibt offenkundige Gründe für diese vergleichsweise Schwäche der kommunistischen Länder, als unmittelbare Quelle für die Verbreitung von Ideen zu fungieren. Die Mehrheit der führenden Politiker, Dozenten, Intellektuellen usw. der Dritten Welt hat, sofern sie im Ausland studierte, in den demokratischen, kapitalistischen Ländern studiert; die Lehrpläne der entsprechenden Universitäten werden von den westlichen, kapitalistischen Ländern und den von dorther stammenden Lehrkräften und Verwaltungsbeamten beeinflußt. In den weniger entwickelten Ländern sprechen und lesen die führenden Politiker und Intellektuellen Englisch und Französisch, nicht Russisch. Man braucht diesen Faden nicht weiterzuspinnen, um zu erklären, warum die westlichen Quellen der Marktfeindlichkeit vor allem in den marktwirtschaftlichen, demokratischen Ländern und weniger in den Ländern zu finden sind, die den Markt unterdrückt haben.

Noch etwas ist merkwürdig, wenn wir uns diese ursächlichen Zusammenhänge genauer ansehen. Im Westen stützen sich die herrschenden Lehren im Bereich der Nationalökonomie seit Jahrzehnten auf eine Analyse des freien Marktes und haben seine Vorzüge unter Hinweis auf Leistungskraft, Investitionsentscheidungen, Wirtschaftswachstum usw. explizit oder implizit dargelegt. Wo in den westlichen Universitäten — der Hauptquelle von Ideen über die Nationalökonomie, die die Studenten aus den Entwicklungsländern beeinflussen — ist eine größere Konzentration von Marktgegnern anzutreffen? Man könnte die Namen von Paul Baran, John Kenneth Galbraith, Gunnar Myrdal, Joan Robinson und anderer nennen, aber es scheint, als stünden die Nationalökonomen als Berufsgruppe und die Verbreiter wirtschaftlicher Ideen auf seiten der Anhänger des Marktes; selbst einige derjenigen, die hin und wieder auch marktfeindliche Äußerungen von sich gegeben haben, sind nicht *entschiedene* Anhänger des Dirigismus, sondern befürworten nur ein gewisses Maß an staatlichen Eingriffen in eine Wirtschaftsordnung, die ihrer Auffassung nach ansonsten im großen und ganzen durch den Markt gesteuert werden sollte.

Wir haben es hier meiner Überzeugung nach mit einem echten Rätsel zu tun. Die Quellen der Marktfeindlichkeit in der Dritten Welt liegen im Westen, und die Marktfeindlichkeit der entwickelten westlichen Welt wird im Westen selbst erzeugt. Wo aber und in welcher Weise entstehen diese Ideen, wo doch in der Nationalökonomie Personen eine führende Rolle spielen, die an die Leistungsfähigkeit des Marktes glauben, wo die Lehrbücher für die Universitäten und Oberschulen maßgeblich von ihnen beeinflußt werden und die Zeitungen, soweit sie überhaupt wirtschaftliche Ideen darlegen, grundsätzlich eher für den Markt eingenommen sind als gegen ihn?

Ich weiß nicht, ob andere dies Phänomen ebenso verwirrt wie mich, aber lassen Sie mich erklären, warum ich persönlich dies als so verwirrend empfinde. Sah man sich vor rund zehn Jahren den Bereich der amerikanischen Soziologie an, so herrschten Ideen vor, die der Betonung der Marktwirtschaft in der Nationalökonomie entsprachen und in die gleiche Richtung gingen. Im allgemeinen setzten die Lehrkräfte Marx nur auf die Liste der zu lesenden Bücher, um darauf hinzuweisen, daß seine Aussagen monistisch, naiv, zeitgebunden und beschränkt seien und dringend der Ergänzung durch die differenzierteren, pluralistischen Ideen von Max Weber und anderen Soziologen bedürften. C. Wright Mills und Alvin Gouldner waren die einzigen bedeutenden amerikanischen Soziologen, die Marxisten waren. Zwar gab es einige wenige erklärte und uneingestandene Marxisten, die Soziologie lehrten, und die Zahl der Sozialisten und Exsozialisten war groß, aber selbst bei diesen handelte es sich um demokratische Sozialisten mit einer pluralistischen Grundeinstellung, die staatliche Eingriffe in die Wirtschaft zurückhaltend nur für einen konkreten Zweck befürworteten und gesellschaftspolitisch sehr eklektisch dachten. Jedenfalls glaubten sie nicht an die absolute Vorherrschaft einer herrschenden Klasse im Besitz der Produktionsmittel, und sie glaubten auch nicht an die marxistischen und die radikalen sozialistischen Analysen, die Vielfalt und Freiheit im Leben der Gesellschaft feindlich gegenüberstehen.

In etwa den letzten zehn Jahren hat sich hier ein bemerkenswerter Wandel vollzogen. Die jüngeren Soziologiedozenten unterscheiden sich heute grundsätzlich von *ihren* Lehrern, und man fragt sich, wo sie ihre Ideen herhaben mögen. Die Soziologiestudenten an der Universität Harvard beschäftigen sich heute in einer Fakultät, zu deren rangältestem Lehrpersonal keine Marxisten oder radikalen Sozialisten zählen, damit, wenn nicht Marx, so doch zumindest den Marxismus oder den Neomarxismus zu rechtfertigen, und finden — da sie als Studenten zu einer gewissen Originalität verpflichtet sind — Unterstützung und Halt in den Werken französischer oder deutscher marxistischer oder neomarxistischer Schriftsteller, die bei ihren Vorlesungen keine Pflichtlektüre sind und die sie auf eigene Faust entdecken.

Hier vollzieht sich ein interessanter Prozeß, ähnlich dem, mit dessen Hilfe die führenden Politiker und Intellektuellen der Dritten Welt einen Großteil ihrer Ideen erhielten — nicht, indem sie die vorgeschriebenen Bücher studierten, die vorgeschriebenen Vorlesungen besuchten oder die großen Zeitungen lasen. Sie suchten sich die Ideen, die sie brauchten, selber zusammen, in informellen Arbeitsgruppen, Treffen kleiner, radikaler Gruppen, obskuren Wochenzeitschriften, theoretischen Monatszeitschriften und ähnlichem. Man kann, wie ich meine, nicht sagen, daß die ›offizielle‹ Lehre der Universitäten und Colleges der westlichen Welt eine marktfeindliche Grundtendenz aufwies. Lehrer dieser Art hat es ohne Zweifel gegeben, aber der berufliche Werdegang von Paul Baran zeigt, daß sie ihre Probleme hatten, und selbst wenn dem nicht so war, sahen sie sich der sehr viel größeren Gruppe von Marktanhängern gegenüber. Ich denke dabei an das in diesem Punkte in der wirtschaftswissenschaftlichen Fakultät der Universität Harvard — einer sicherlich eher als liberal anzusehenden Universität — festzustellende Ungleichgewicht: Von den insgesamt 20 Lehrkräften sind vielleicht zwei Gegner des Marktes. Ich vermute, daß das Verhältnis anderswo ähnlich ist. In der Soziologie, einem Bereich, in dem ich mich besser auskenne, würde ich behaupten, daß ein totaler Umschwung der Ideen stattgefunden hat, wenn wir die Generation der älteren Lehrkräfte, d.h. diejenigen zwischen 50 und 60 und 60 und 70, mit der jetzigen Generation der jüngeren Lehrkräfte vergleichen, d.h. der Altersgruppe zwischen 20 und 30 und 30 und 40 Jahren.

Ja, die Marktfeindlichkeit in den weniger entwickelten Ländern stammt — ebenso wie im Westen selbst — vom Westen, aber die Quellen dieser Feindseligkeit im Westen scheinen mir keineswegs so klar zutage zu liegen. Die marktfeindlichen Ideen spiegeln nicht die herrschende Meinung und Lehre an den Universitäten und Colleges wider, sondern gewinnen erst dann und in dem Maße an Einfluß, wie die jungen Leute, denen sie nicht auf offiziellem Wege vermittelt wurden, in diesen Einrichtungen allmählich eine beherrschende Stellung erlangen. Dieses Phänomen wirkt sich auf Bereiche außerhalb der Colleges und Universitäten aus. Die Massenmedien, die einst als Säulen der Marktwirtschaft galten, sind jetzt meiner Auffassung nach bestenfalls als neutral anzusehen. Es genügt, sich einmal klarzumachen, wie sehr sich die alltäglichen und beiläufigen Prämissen der Autoren in den Wochenzeitschriften *Time* und *Newsweek* und der Kommentatoren in Radio und Fernsehen in den letzten zehn Jahren gewandelt haben. Die Verteidiger des Marktes, in dem Gefühl schwindender Macht, schlagen jetzt einen mürrischen Ton an; sie klingen wie Extremisten in einer Gesellschaft, die angeblich vom freien Markt und seinen Anhängern beherrscht wird. Hören Sie sich einmal eine Diskussion im Rundfunk an und achten Sie darauf, wie verdrossen und verbissen die Verteidiger des freien Marktes und seiner Institutionen im Vergleich zu ihren Kritikern wirken.

Die Macht der abweichenden Meinung

Wir stehen keineswegs ohne beträchtliche Hilfen zum Verständnis dieses Phänomens da: es gibt Lewis Feuers Arbeit über den politischen Generationenkonflikt, Joseph Schumpeters Werk über die Quellen der Kapitalismusfeindlichkeit der Intellektuellen, Daniel Bells neuere, in seinem Buch *The Cultural Contradictions of Capitalism* zusammengefaßte Schriften sowie einige scharfsichtige Aufsätze von Irving Kristol. Dies ist nicht der Ort für eine umfassende Analyse der Schriften, die zum Verständnis der Gründe beitragen, aus denen eine Generation sich gegen ihre Lehrer wendet oder der Kapitalismus sich seine eigenen Zerstörer schafft. Selbst diese wichtigen Beiträge zum Verständnis dieses Phänomens befriedigen mich jedoch nicht voll und ganz, weil wir es hier nicht nur mit einem säkularen Trend, sondern mit einer ganz besonders prononcierten Wende in den allgemeinen Ideen und Denkweisen zu tun haben, einer Wende, für die es in den herrschenden oder offiziellen Quellen der Ideen der vergangenen Jahrzehnte nur wenig Unterstützung gibt. Ohne Zweifel müßte als Erklärung für diesen Vorgang auch auf einige konkrete geschichtliche Entwicklungen hingewiesen werden: den Vietnamkrieg, die erfolgreichen Bemühungen Kubas um eine innere Stabilisierung und den angeblichen Erfolg Chinas in der Behandlung einiger der schwierigsten Probleme der Dritten Welt (Bevölkerungskontrolle, Errichtung eines soliden staatlichen Gesundheitswesens, Erzeugung von Nahrungsmitteln, Einkommensverteilung).

Das, was mich an den möglichen Erklärungen für das Geschehene am meisten anspricht, führt mich zu einem zweiten Thema in Professor Bauers Aufsatz, zu dem ich mich sehr viel kürzer äußern werde: das Gefühl der Intellektuellen und der führenden Politiker, die im Westen (oder auch im eigenen Land) studiert haben, von ihren eigenen Völkern in den weniger entwickelten Ländern isoliert zu sein. Professor Bauer schreibt: »Diese Ausgangslage macht die Intellektuellen und die gebildeten Schichten für einen umfassenden Glauben empfänglich, vor allem wenn er die emotionale Integration oder Reintegration mit ihren Mitmenschen verheißt.« Ohne Zweifel ist diese Isolierung in den weniger entwickelten Ländern, wo die Gebildeten und Einflußreichen von der übrigen Bevölkerung durch eine große Kluft getrennt sind, eine schwerwiegendere Sache als im Westen, wo die Unterschiede in bezug auf Einkommen, Bildung und Macht zwischen oben und unten sehr viel geringer sind. Und doch besitzt eine diese emotionale Reintegration verheißende Ideologie auch im Westen erhebliche Anziehungskraft, wenn auch aus anderen Gründen. Im Westen rührt ihre Anziehungskraft daher, daß die gesellschaftlichen Institutionen, die die Menschen in ein größeres Ganzes einbinden — Dörfer, ländliche Gemeinden, Familien und Familienunternehmen und

dergleichen —, entweder fast ganz verschwunden sind oder sich erheblich gewandelt haben. Im Westen ist die Stärke des Wunsches nach Reintegration folglich das Ergebnis einer teilweise in der Erinnerung oder auch nur in der Vorstellung bestehenden Gemeinschaft der Vergangenheit und einer reintegrierenden Ideologie, die den Aufbau einer neuen Gemeinschaft in der Zukunft verspricht, in der sich Zusammenhalt und Einbindung nicht von der Tradition und der Steuerung durch die Gemeinschaft herleiten, sondern vom Staat. In den weniger entwickelten Ländern besteht eine tatsächliche und erstaunliche Kluft zwischen den Intellektuellen und den einfachen Menschen. Im Westen ist diese Kluft viel geringer. Wenn also Intellektuelle, Studenten, Journalisten und Schriftsteller im Westen eine Ideologie akzeptieren wie die dem Markt kritisch gegenüberstehende und ihn zerstörende Ideologie, ist ihre Chance, die übrige Gesellschaft zu beeinflussen, paradoxerweise sehr viel größer — erstens, weil sie einen großen Teil dieser Gesellschaft ausmachen, und zweitens, weil die Gesellschaft insgesamt durch die Massenmedien, das Bildungswesen usw. wesentlich enger verflochten ist.
Diese Ausführungen haben, darüber bin ich mir im klaren, nicht allzuviel Licht auf das Phänomen geworfen, das wir hier untersuchen. Mir ging es jedoch darum, zu betonen, wie *merkwürdig* dieses Phänomen ist; merkwürdig vor allem dann, wenn es von Leuten untersucht wird, die daran nichts Ansprechendes finden. Es verhält sich in der Tat so, daß eine unterdrückte Ideologie, die Ideologie des Marxismus und der Marktfeindlichkeit — unterdrückt von ihren Gegnern, die über mehr Macht und Geld verfügten, unterdrückt von Regierungen in einem großen Teil der Welt zu verschiedenen Zeiten und, wie ich meine, unterdrückt durch den Erfolg differenzierterer alternativer Weltbilder, die sich dem Marxismus im freien Wettbe-

werb der Ideen in einer freien Welt als überlegen erwiesen — in den weniger entwickelten Ländern und im Westen eine bemerkenswerte Widerstandsfähigkeit bewiesen hat; während andererseits die Ideen, die wir vorziehen, d.h. diejenigen, die die Überlegenheit des freien Marktes aufzeigen, trotz der Tatsache, daß sie (mit Ausnahme der kommunistischen Welt) nicht aktiv unterdrückt wurden, wenig Anziehungskraft zu haben scheinen. Was man für eine Untergrundideologie halten könnte, zeigt bemerkenswerte Lebenskraft, obwohl es falsch ist; Ideen, die unserer Auffassung nach der Wahrheit sehr viel näher kommen, zeigen eine bemerkenswerte Schwäche, obwohl sie (abgesehen von der kommunistischen Welt) frei kursieren können, die — wenn auch wenig beherzte — Unterstützung von Regierungen genießen und sich der tatkräftigeren Unterstützung zumindest einer mit Macht und Wohlstand versehenen Institution erfreuen: der Wirtschaft. Daß das Unterdrückte blühen und gedeihen und das, was gutgeheißen und unterstützt wird, sich im Niedergang befinden sollte, das ist in der Tat verwirrend, vor allem wenn man bedenkt, daß sich die Wahrheit nicht auf seiten der Untergrundideologie befindet. Es wird bei der Erforschung dieses Phänomens all unserer geistigen Kraft und unseres Einfallsreichtums bedürfen, um dem Verständnis und der Einsicht derjenigen etwas hinzuzufügen, die sich, wie Professor Bauer und einige andere, die ich bereits erwähnte, mit dieser Frage beschäftigt haben.

Einige irrationale Quellen der Opposition gegen die marktwirtschaftliche Ordnung

Lewis S. Feuer

Eine Dualität der Motivation ist kennzeichnend für die menschliche Natur, so daß jede Gesellschaftsordnung sich auf ihre Weise sowohl auf die affektiven wie auf die aggressiven Triebe der Menschen einrichten muß. Der einzigartige Erfolg der auf Wettbewerb beruhenden kapitalistischen Gesellschaft ist auf eine psychologische Tatsache zurückzuführen: Sie war die erste, die die aggressiven Triebe des Menschen in konstruktive und nützliche Bahnen lenkte. Früher fanden die aggressiven Triebe vor allem in Krieg, Eroberung, Plünderung und Versklavung ihren Ausdruck und waren stets mit der Zerstörung von Gesellschaften, Gemeinschaften und Menschen verbunden. Bisweilen geschah es, daß eine Gesellschaft oder Gruppe, von Abscheu gegen die kriegerischen, grausamen Erscheinungsformen dieser Triebe erfüllt, ihre Aggressionen nach innen wandte, um nach einem affektiven, gemeinschaftsbezogenen Leben, verbunden mit einem auf Selbstaggression und Selbstbestrafung gerichteten Asketizismus, zu suchen. Die kapitalistische Gesellschaft leitete diese aggressiven Energien jedoch erneut in konstruktive und schöpferische Tätigkeiten. Durch ihr Streben nach Gewinn trug sie zur Hebung des Lebensstandards der Menschen bei. Zudem war die Elite der Wirtschaft den Erfindern neuer Verfahren, Maschinen und Gegenstände freundlich gesinnt; diese wiederum waren höchst erfreut, die Umwelt gemeistert und durch ihre arbeitssparenden Vorrichtungen jede auf Selbstbestrafung zielende Religion an der Erreichung ihrer Ziele gehindert zu haben. Für viele Menschen schien das kapitalistische System jedoch der affektiven Komponente der menschlichen Natur eine schwere Bürde aufzuladen. »Kommerzialismus und Wettbewerb haben leichtsinnig den Wind gesät und müssen den Sturm ernten«, schrieb William Morris. Seiner Auffassung nach stellte die Mittelklasse eine so »furchtbare Kraft dar, daß ich es nicht für ausgeschlossen halte, daß ihr Widerstand gegen den unvermeidlichen Wandel ... möglicherweise die gesamte Zivilisation für eine gewisse Zeit zerstört.« Arbeiter, die den Aufstieg in die Mittelklasse anstrebten, »vermehren die kapitalistische Klasse (in der, wie man sich vergegenwärtigen muß, jedes Mitglied in einen heftigen privaten Handelskrieg gegen seinen Nächsten verwickelt ist) ...«[1] Der Konkurrenzkampf und die Armut der ungelernten Arbeiter im England des Jahres 1884 erschreckten Morris in einem solchen Maße, daß man sich, wie er sagte, »schäme, zu leben«.[2]

Daß jede Gesellschaft, einschließlich der kapitalistischen Wettbewerbsgesellschaft, strukturelle Maßnahmen von der Art ergreifen muß, die der Befriedigung der affektiven Seite des Menschen dienen, scheint mir ein Axiom der Politik zu sein. Während die weitverbreitete Kritik an der freien marktwirtschaftlichen Gesellschaft behauptet, von dem Wunsch geleitet zu sein, unterdrückte affektive Sehnsüchte zu befriedigen, beruht sie jedoch häufig auf anderen, ja kryptoaggressiven Trieben. Dem sozialistischen Reformer ist es möglicherweise weniger um den Sozialismus zu tun, als darum, mit aggressiven Impulsen den Kampf gegen das System voranzutreiben.

Wie können wir den rational motivierten Menschen von

dem irrational motivierten unterscheiden? Immer dann, wenn jemand zur Erreichung eines bestimmten Zwecks unverhältnismäßige Mittel anwendet, ist möglicherweise ein irrationales Motiv im Spiel. Dies gilt für den Arbeiter, der als Reaktion auf einen unbedeutenden Zwischenfall zu einem Streik aufruft, und dies gilt für denjenigen, der einen unwichtigen Grenzstreit mit einem Aufruf zum Krieg beantwortet. Bei einer zweiten Form irrationalen Verhaltens geht es nicht um die Wahl der Mittel, sondern um den Zweck selbst. Ein selbstzerstörerischer Zweck ist irrational, wie beispielsweise die Ansammlung von Münzen durch den Geizhals. Diese beiden Formen irrationalen Handelns verschmelzen zu einer einzigen. Der Mensch, der unverhältnismäßige Mittel wählt, tut dies, weil ihm ein uneingestandenes, ihm nicht bewußtes Ziel diese Mittel vorschreibt; so geht es demjenigen, der sich zur Durchsetzung einer bestimmten politischen Reform für Gewalt oder Grausamkeit entscheidet, möglicherweise vor allem um Gewalt oder Grausamkeit als wahres Motiv und weniger um das öffentlich genannte Ziel der politischen Reform. Die psychologische Analyse zeigt auf, daß die Unverhältnismäßigkeit der Mittel normalerweise einem Verhalten entspringt, das durch ein uneingestandenes, unbewußtes Ziel bestimmt wird. Andererseits kann auch ein unbewußt bestimmtes Ziel rational sein, wie beispielsweise die Liebe des Wissenschaftlers zur Wahrheit. Nur in den Fällen, in denen wir uns eines tieferliegenden, unbewußten Zieles bewußt geworden, dieses als andere, von uns höher bewertete Ziele zerstörend verwerfen, können wir das verworfene Ziel als irrational einstufen. Als irrational ist also eine Quelle der Ablehnung des freien Marktes anzusehen, die auf weitgehend unterdrückten oder unbewußten Gefühlen beruht, die den bewußten Wertvorstellungen des Betreffenden zuwiderlaufen.

Aus rein wirtschaftlicher Sicht gibt es sowohl rationale

wie irrationale Quellen der Opposition gegen den freien Markt. Ein Arbeitsloser des Jahres 1932, der in der großen Wirtschaftskrise selbst für einen nur sein Existenzminimum sichernden Lohn zu arbeiten bereit gewesen wäre, aber keine Arbeit fand und unter den Geschäftsleuten eine allgemeine Niedergeschlagenheit feststellte, hätte durchaus zu dem Schluß gelangen können, daß der freie Markt den Menschen Chancen eher verbaut als eröffnet. Merkwürdigerweise jedoch hatte die rationale Kritik an der kapitalistischen Gesellschaft eine sehr viel geringere Wirkung als die aus irrationalen Quellen fließende Kritik, die auf nichtartikulierten Prämissen beruht.

Die dialektische Persönlichkeit unserer Zeit

Die feindselige Einstellung gegenüber dem Markt stützt sich nicht auf die Behauptung, das auf Wettbewerb beruhende kapitalistische System funktioniere nicht mehr. In den 60er Jahren räumten die einflußreichsten Gegner des freien Marktes fast ausnahmslos ein, daß er funktionierte: Er verschaffte der großen Mehrheit der Menschen einen reichlichen Lebensunterhalt und eine Vielzahl von Annehmlichkeiten. So wurden die Argumente von Schriftstellern wie Erich Fromm, Herbert Marcuse und Paul Goodman zu prophetischen, moralischen Anklagen. Erich Fromm stellte fest, die kapitalistische Wettbewerbsgesellschaft bringe verbogene Charaktere hervor — Menschen, die ausbeuterisch und passiv seien und Vorräte horteten; der Markt, so behauptete er, sei eine Arena, in dem die Menschen in einen Gladiatorenkampf verwickelt seien und niemals zu wirklich produktiven Persönlichkeiten werden könnten. Herbert Marcuse sah die Arbeiterklasse als eine durch die vom Kapitalismus »verabreichten

Annehmlichkeiten« in einen Betäubungszustand versetzte Gruppe an; er setzte seine Hoffnung folglich auf die Intellektuellen, die die »Explosion« der kapitalistischen Gesellschaft auslösen sollten. Für alle diese Schriftsteller ist ›Entfremdung‹ ein zentraler Begriff; es ist ihre Schlüsselmetapher und ihr Zauberwort. Der junge Marx und der junge Engels hatten geschrieben, daß in einer kapitalistischen Gesellschaft der Bargeldkreislauf alle menschlichen Beziehungen — Liebe, Arbeit und Kultur — zu verkäuflichen Waren reduziere und abwerte. Die entfremdete Arbeit, sagte Marx, stehe in Form von Gütern und Kapital über dem Menschen, anstatt ihm zu dienen; sie zerreiße seine Verbindung zur Natur. In ähnlicher Weise meinte Fromm, der freie Markt entfremde die Menschen von sich selbst, so daß sie sich nicht als Subjekt, als Mittelpunkt ihrer Welt, als Schöpfer ihrer Taten erfahren, sondern als Objekt, als periphere Satelliten anderer, als Geschöpfe[3] und nicht als Schöpfer.

Diese psychologische Kritik des freien Marktes, die integrierender Bestandteil des soziologischen Wissens unserer Zeit ist, bedarf einer Neubeurteilung und Überprüfung. Wir müssen ihre Quellen verstehen lernen. Psychologen des Unbewußten wie Erich Fromm und Herbert Marcuse verspürten nie das Bedürfnis, die Art Persönlichkeit zu untersuchen, die sie selbst in so hervorragender Weise veranschaulichen — wir könnten sie die ›dialektische Persönlichkeit unserer Zeit‹ nennen. Ihre charakterlichen Merkmale bestimmen die vorgefaßten Meinungen und die sprachliche Ausgestaltung ihrer Kritik an der kapitalistischen Gesellschaft. Die dialektische Persönlichkeit wird von einem zwanghaften Geist des Widerspruchs angetrieben; sie wünscht, die Dinge, um ein beliebtes marxistisches Bild zu verwenden, auf den Kopf zu stellen; sie bedient sich mit Vorliebe der Bilder der Geburt und des Mutterschoßes; jede Gesellschaft trägt in sich den Keim ihres Gegenteils; und die Gewalt ist die Hebamme der Geschichte. Das Wort ›dialektisch‹ dient dazu, diese Liebe zum Gegensatz als die eigentliche Aufgabe und Berufung des Menschen und der Geschichte zu beschreiben. Das System ist unweigerlich zu ›negieren‹; Negation ist in der Tat ein Begriff, dem diese Schriftsteller eine besondere emotionale Wertigkeit verleihen. Der »Macht des positiven Denkens« des Reverend Norman Vincent Peale setzt Professor Herbert Marcuse »die Macht des negativen Denkens« entgegen. (Er hat ein Buch mit dem Titel *Negationen* geschrieben.) Sie möchten nicht nur den freien Markt, sondern auch seine abstrakten und mathematischen Merkmale negieren, wie sie auch die Naturwissenschaft und die Wirtschaftswissenschaft negieren möchten, die mit Hilfe dieses Instrumentariums entwikkelt wurden.

Es gibt verschiedene Arten von ›dialektischen Persönlichkeiten‹. Karl Marx, George Bernard Shaw, Thorsten Veblen, Erich Fromm und Herbert Marcuse verkörpern den einen Typ. Vor dem Hintergrund ihrer Erziehung zu literarischen Intellektuellen sahen diese Männer den Eintritt in den auf Wettbewerb beruhenden Markt als eine traumatische und degradierende Erfahrung an. Sie, die in der Regel aus einer sie umhegenden Familie und einer ästhetischen oder religiösen Atmosphäre stammten, wuchsen entfremdet von Handel und Industrie und deren Wertvorstellungen ablehnend auf.
Herbert Marcuse beispielsweise, der »Sproß einer jüdischen Familie der Oberschicht, die seit dem 18. Jahrhundert in der Berliner Gesellschaft eine herausragende Rolle spielte«, besuchte verschiedene Universitäten, erwarb sich Kenntnisse in der Phänomenologie und der Existenzphilosophie, war Schüler von Martin Heidegger und trat einer sozialistischen Studentengruppe bei.[4] Am glücklich-

sten war er in Frankfurt, an dem einzigen marxistischen Forschungsinstitut der bürgerlichen Welt (das von einem deutsch-argentinischen Getreidehändler finanziert wurde).

Erich Fromm, der Abkömmling einer Familie, in der es »zahlreiche Rabbiner gab«, empfand die Schriften des Alten Testamentes als ihm am gemäßesten, vor allem die Propheten Jesaja, Amos und Hosea. Eine antikommerziellere, antiliberalere und antiwissenschaftlichere Gruppe klassischer Schriftsteller ist kaum denkbar. Die Weisheit der Sprüche Salomos scheint Fromm nicht angezogen zu haben. Die Folge dieser geistigen Nahrung seiner frühen Jahre war, daß er dazu erzogen wurde, »so etwas wie ein Fremder in der modernen Welt« zu sein.[5]

Eine ähnliche religiöse Sehnsucht trieb Karl Marx zu einem Leben stürmischer Selbstaufopferung. Auch er belegte an der Universität eine Vorlesung über Jesaja und widmete sich Hegel und der Philosophie des Altertums. Sosehr ihn die hohle, prätentiöse Unwirklichkeit der Hegelschen Metaphysik anwiderte, so erkannte er doch, daß dies die Ideologie der jungen Intellektuellen an der Universität war, und er war fest entschlossen, mit ihnen ›modern‹ zu sein. Er lebte vom Geld seines Vaters, vom Geld seiner Mutter, vom Geld seines Onkels, vom Besitz der Familie seiner Frau und von dem Geld, das ihm sein Freund Friedrich Engels gab. Sich nach einer Arbeit umsehen war für Marx gleichbedeutend mit einer Kapitulation vor dem kapitalistischen System. Seine Familie hungerte und war entkräftet, einige Kinder starben. Nur ein einziges Mal ließ Marx sich dazu herbei, nach einer Arbeit Ausschau zu halten, aber seine unleserliche Handschrift bewahrte ihn davor, bei der Eisenbahnverwaltung angestellt und in das hineingezogen zu werden, was er als ›bürgerlichen Schmutz‹ ansah.

Die Vorstellung einer entwürdigenden Arbeitssuche und die Erwartung, die eigene Familie sei dazu verpflichtet, die Beschäftigung mit geistigen Dingen bis weit in das reife Mannesalter hinein zu finanzieren, ist für die dialektische Persönlichkeit typisch. George Bernard Shaw pflegte zu prahlen, seine Mutter habe ihn bis zu seinem 30. Lebensjahr unterstützt, während er Erzählungen schrieb, für die sich kein Verleger finden ließ, in der Bibliothek des Britischen Museums — von ihm als Archetyp einer sozialistischen Einrichtung bewundert — Bücher las und bei geheimen Versammlungen der ›Fabian Society‹ (einer 1883 gegründeten Gesellschaft englischer Sozialisten) und offenen Versammlungen im Hyde-Park Reden über die Widersinnigkeit der marktwirtschaftlichen Ordnung hielt.
Wahrscheinlich war Thorsten Veblen der einzige Doktor der Philosophie in den Vereinigten Staaten, der in den 80er Jahren des vergangenen Jahrhunderts keine Arbeit finden konnte. Sieben Jahre lang weilte er auf der Farm seines Vaters in Minnesota und versenkte sich in sozialistische Protestliteratur, darunter Edward Bellamys *Looking Backward,* Ferdinand Lassalle und Marx. Schließlich fand ein Familienrat statt, und es wurde beschlossen, ihn noch einmal auf die Universität für Graduierte zu schikken.
Die dialektische Persönlichkeit zeichnet sich nicht nur durch ihre Liebe zu Büchern aus; sie weist ausnahmslos eine starke sadistische Komponente auf, die in einer merkwürdig schillernden Beziehung zu einer ebenfalls vorhandenen gewissen Opferfreudigkeit steht. Als Marx 1856 einen Trinkspruch — ›Auf die Proletarier Europas!‹ — erwiderte, griff er auf die von Rachsucht erfüllte Ausdrucksweise eines mittelalterlichen, geheimen Gerichtes

zurück, der sogenannten ›Feme‹, die ein rotes Kreuz an die Türen der Delinquenten malte. »Alle Häuser in Europa sind jetzt mit diesem geheimnisvollen roten Kreuz gekennzeichnet. Die Geschichte ist der Richter; ihr Henker der Proletarier.«[6] Marxens Aufgabe, die er sich selbst gegeben hatte, bestand darin, dem Richter und dem Henker das Bewußtsein ihrer Aufgaben zu vermitteln.

George Bernard Shaw, ein Befürworter absoluter Gleichheit, schlug vor, diese dadurch zu verwirklichen, daß — in bester Absicht — alle diejenigen hingerichtet würden, die die von ihnen geforderte Arbeit nicht verrichten könnten: »Bereits vor langer Zeit habe ich vorgeschlagen, daß wir alle verpflichtet sein sollten, alle fünf Jahre vor einem Ausschuß (praktisch einer Inquisition) zu erscheinen, um unsere Existenz zu dessen Zufriedenheit zu rechtfertigen, anderenfalls uns die Liquidierung droht.« Eine stabile Zivilisation, so behauptet Shaw mit Nachdruck, könne nicht ohne eine derartige »inquisitorische Macht« bestehen; auch eine »human geleitete Sträflingssiedlung«, die er in Rußland sah, beeindruckte ihn tief.[7]

Veblen war entzückt über das Ende der Demokratie und der gewählten Regierung in Rußland; alles war gerechtfertigt, solange das einzig wichtige Ziel erreicht wurde: »die Abschaffung des auf Nichtanwesenheit beruhenden Eigentums«; die insubstantiellen Bürger entledigten sich der substantiellen.[8] Veblen erhob den Vorwurf, Amerika leide an einem kollektiven Ausbruch von »dementia praecox«, aber er identifizierte sich ebenso wie Marx und Shaw mit dem das Todesurteil verkündenden Tribunal der Geschichte: »Die Abschaffung der Eigentumsrechte entspricht dem ›Letzten Gericht‹ für die Herrschaft der älteren Staatsmänner . . .«[9]

Die dialektische Persönlichkeit qua ausführendes Organ der Weltgeschichte wird in einer geplanten diktatorischen Gesellschaft offensichtlich mehr Gelegenheit zur Befriedigung ihrer Wünsche finden als in einer auf Wettbewerb beruhenden freien Gesellschaftsordnung. Der geschichtliche Sadismus hat größere Entfaltungsmöglichkeiten, wenn er alle Hilfsmittel des Staates, seine wirtschaftliche Macht und seine Justiz kontrolliert. Folglich neigt er dazu, den auf Wettbewerb beruhenden freien Markt mit seiner polyzentrischen Machtverteilung abzuschaffen.

Die meisten Menschen machten kein ›Markttrauma‹ durch, wie die dialektischen Persönlichkeiten. Letztere sahen den Markt als etwas Monströses an, als Bedrohung ihrer Männlichkeit. Die Gelegenheit zu Initiative, Erfindung und Unternehmungsgeist, das Vergnügen der Unabhängigkeit, die der Markt zahllosen Menschen bietet, machten ihnen keine Freude. Viele Menschen genossen diese Dinge. Im 18. Jahrhundert priesen Schriftsteller wie Daniel Defoe den Markt, das Vergnügen der englischen Geschäftsleute an ihren Unternehmen und an dem, was er »Projekte« nannte. Etwa um das Jahr 1690, so schrieb er, erwachte in England eine »projektfreudige Stimmung«. Im 19. Jahrhundert beschrieb Alexis de Tocqueville, die Amerikaner verließen ihre Familien so früh, daß es in Amerika praktisch keine Jugend gäbe. Sie wanderten von Arbeitsplatz zu Arbeitsplatz, jeden als Experiment bei der Suche nach der Arbeit ansehend, die ihnen am besten zusagte. Er beschrieb, wie sie in Erfindungen schwelgten, neue Güter und neue Technologien entdeckten. Thomas Alva Edison lebte schon im Alter von 12 Jahren recht abenteuerlich: Er verkaufte Zeitungen auf einem Bahnhof, baute sich selbst ein Laboratorium und führte das Leben eines herumziehenden Telegrafenbediensteten; für ihn war der Markt der große Resonanzboden der menschlichen Bedürfnisse, ein Wegweiser für den menschlichen Fortschritt und den Erfindungsgeist, der ihn mit zu seinen

Erfindungen des Phonographen und des Kinetographen inspirierte.
Der Sicht des Marktes seitens der kritischen Intellektuellen geht diese Komponente der Herausforderung vollkommen ab. In ihrer Jugend, die sich bisweilen bis über das 30. Lebensjahr hinzog, waren sie immer noch im wesentlichen damit befaßt, geistige Dinge in sich aufzusaugen — Marcuse seinen Hegel, Fromm die Judaica, Marx seine Metaphysik, Shaw Musik, Kunst und Literatur, Veblen Kant und die sozialistischen Pamphlete. In einer Welt, in der Wissenschaft, Industrie und Handel wachsende Bedeutung erlangten, stieg die Verbitterung der literarischen Intellektuellen.

Der systematische Haß auf den Kapitalismus

Auf welchen seelischen und psychologischen Gegebenheiten beruht diese traumatische Sicht des Marktes? In welcher Weise beeinflussen sie seine Analyse? Das emotionale Apriori oder Postulat der dialektischen Persönlichkeit lautet, daß unabhängig davon, um welches gesellschaftliche Problem es sich handelt, eine Lösung im kapitalistischen System nicht möglich sein kann und darf. Die Animosität zwischen verschiedenen Rassen, die technische Unterentwicklung, die Mängel im Bildungs- und Ausbildungswesen, die Spannung zwischen den Geschlechtern, die Erschöpfung der natürlichen Hilfsquellen, diverse Umweltschäden — keines dieser Probleme kann innerhalb des Systems gelöst werden; sie werden im Gegenteil durch den Kapitalismus noch verstärkt. In einem Aufsatz, den er 1972 für ein Symposium über ›Ökologie und die Revolution‹ in einer linken Zeitschrift ›*Liberation*‹ veröffentlichte, spiegelt Marcuses Bildersprache dieses Postulat in sehr klarer Weise wider. Warum befaßt er sich mit Ökologie, so fragt Marcuse, und er antwortet (kursive Hervorhebungen durchweg von mir; N. G.):

»... weil die *Vergewaltigung* der Erde ein entscheidender Aspekt der Gegenrevolution ist.
Die *Natur* war *die Negation* der *Marktgesellschaft* mit ihren Werten des Profites und des Nutzens.
Der Monopolkapitalismus führt einen *Krieg gegen die Natur,* die menschliche wie die äußere Natur. Denn die Erfordernisse einer intensiveren *Ausbeutung* geraten mit der *Natur* selbst in Widerspruch ...
Die Struktur der kapitalistischen Produktivität ist mittelbar expansionistisch ...
Die Wiederherstellung der Erde als einer menschlichen Umwelt ... Die wahre Ökologie geht über in den militanten Kampf für eine sozialistische Politik, die das System an seinen Wurzeln angreifen muß ...[10]

Daß Marcuse es versäumt, sich die Frage zu stellen: Wie erging es der natürlichen Umwelt eigentlich unter der sozialistischen Planwirtschaft in der Sowjetunion?, weist darauf hin, daß irrationale, nichtlogische, nichtwissenschaftliche Faktoren seine Schriften über die Ökologie und den freien Markt bestimmen. Es gibt umfassende Beweise dafür, daß eine sozialistische Gesellschaft sich der Umwelt gegenüber wesentlich verantwortungsloser verhält als eine freie kapitalistische Gesellschaft. In der Sowjetunion können die Betriebsleiter, für die die Produktion wichtiger ist als die Auswirkungen auf die Umwelt, stets behaupten, sie verfolgten keine selbstsüchtigen Ziele, sondern handelten nach dem bolschewistischen Modell zur Erfüllung der Planziele; die Unterstützung ihrer Ministerien ist ihnen dabei gewiß. ›Wir bauen den Sozialismus auf‹, lautet ihre Entschuldigung gegenüber den Umweltschützern. Ein sowjetischer Betriebsleiter beschrieb den Widerspruch zwischen dem vorrangigen Ziel der sozialistischen Produktion und den moralischen Ansprüchen der Umwelt wie folgt: »Und was ist mit dem Plan? Soll den Betrieben befohlen werden, ihre Tätigkeit einzustellen? Das ist Dialektik. Man muß sich zwischen der Zivilisation und seiner Liebe zur Natur entscheiden.«[11] Im Rahmen der freien Marktwirtschaft gibt es im Gegensatz dazu mächtigere, für eine Selbstkorrektur sorgende Stellen, die für die Umwelt eintreten. Verbrauchergruppen, Bürgerinitiativen, Wanderklubs, Hotels in Naturschutzgebieten, konkurrierende Firmen und Industriezweige, deren Interessen durch Umweltschäden beeinträchtigt werden, Ärzteverbände und wissenschaftliche Gesellschaften prangern die gegen den Umweltschutz verstoßenden Industrien an und verklagen sie, weil sie der Gemeinschaft nicht wiedergutzumachenden Schaden zufügen und ihren Mitbürgern versteckte soziale Kosten aufbürden.

Gesetzgeberische Maßnahmen gegen die Luftverschmutzung werden in der freien amerikanischen Marktwirtschaft in immer größerem Umfang durchgesetzt; in der sowjetischen Planwirtschaft wird dieser Frage allgemein keine Beachtung geschenkt. Und doch haben weder Marcuse noch seine sich ebenfalls für Ökologie interessierenden marxistischen Genossen einen Vergleich zwischen der Fähigkeit der kapitalistischen und der sozialistischen Gesellschaft angestellt, sich mit Umweltproblemen auseinanderzusetzen. Statt dessen verwenden sie eine Fülle emotional aufgeladener Bilder, um unbewußte Spannungen auszulösen und dadurch Aggressionen gegen die kapitalistische Wirtschaft zu mobilisieren.

So wird das kapitalistische System als Schänder der Erde, des universalen mütterlichen Symbols, dargestellt. Der Monopolkapitalismus mit seiner sich aus sich heraus erweiternden Produktivität (das Bild des Sohnes für den allmächtigen Vater) »dehnt sich in den durch die Natur vertretenen Raum für Entspannung und Befreiung aus« (auch hier greift der lustvolle Vater den weiblichen Bereich der Mutter an, in dem Entspannung und Befreiung zu finden sind), all dies in einem Krieg »sowohl gegen die menschliche wie gegen die äußere Natur« (sowohl der Sohn wie die Mutter). Marcuses Bildersprache zufolge ist Ausbeutung zugleich die Verweiblichung des Sohnes wie die Vergewaltigung der Mutter. Denn die Marktwirtschaft ›zivilisiert‹ den Menschen, indem sie ihn zu einem Objekt reduziert; der Kapitalismus ist der Vater, der den Sohn in ein Objekt verwandelt, d.h. ihn verdinglicht, indem er ihn entmännlicht. Die Natur, die Mutter, bleibt »die eigentliche Negation« der repressiven väterlichen Marktgesellschaft mit ihren utilitaristischen Kriterien. Und doch kann die Erde, die Mutter, vom Sohn im Rahmen des Kapitalismus nicht gewonnen werden: »Ökologische Logik ist . . . die Negation der kapitalistischen Logik«, d.h., der Sohn muß den Vater vernichten — es ist nicht möglich, die beherrschende väterliche Autorität zu reformieren; sie muß überhaupt abgeschafft werden.

Die Sprache und die Bilder der dialektischen Persönlichkeiten zeigen, daß es sich um eine fixierte Generationsrevolte handelt; diese Bilder werden benutzt, um in den jungen Intellektuellen die unbewußten Ressentiments ihrer eigenen Väter zu erwecken und sie dazu anzuleiten, ihre Gefühle in den Kampf gegen die marktwirtschaftliche Ordnung umzulenken, die sie, durch Projektion, mit ihrer Peitsche des Bargeldkreislaufes angeblich entmännlicht, verdinglicht und zu einem Objekt reduziert.

Die dialektische Persönlichkeit überträgt also den tiefsten persönlichen und unlösbaren Konflikt junger Menschen auf das Wesen der gesellschaftlichen Ordnung. Der persönliche Konflikt der dialektischen Persönlichkeit wird so ins Allgemeine übertragen; sie versucht, ihren Konflikt zu lösen, indem sie das gesellschaftliche System umstürzt; sie

setzt auf einen revolutionären Akt, um die im persönlichen Bereich frustrierten Emotionen entladen zu können.[12]
Entscheidende Punkte der Anklage gegen das marktwirtschaftliche System sind ein Beweis für diese Ursprünge im persönlichen Unbewußten. So verurteilt Erich Fromm beispielsweise ebenso wie Marcuse die im modernen Kapitalismus vorherrschende Abstrahierung und Quantifizierung. Dr. Fromm nimmt an Aussagen wie »Henry Ford produzierte soundso viele Automobile« Anstoß.[13] Warum eine quantitative Angabe dieser Art als Besonderheit des kapitalistischen Marktes anzusehen ist, wird zu keinem Zeitpunkt erklärt. Moses zählte die Hebräer bei ihrem Auszug nach Ägypten, und im Buch Hiob wird genau gesagt, mit wieviel Vieh und wie vielen Kindern Jahwe den standhaften Mann schließlich belohnte. Die sozialistischen Planwirtschaften quantifizieren weit mehr als die kapitalistischen. So werden beispielsweise sowjetische Fabriken, Arbeiter und ihre gesellschaftlichen Beziehungen durch Nummern gekennzeichnet. Quantifizierung stellt in jeder Gesellschaft, in der für eine große Zahl von Menschen Vorkehrungen getroffen werden müssen, ein wichtiges Erfordernis dar, und die klassischen Schriftsteller der ›politischen Arithmetik‹, wie beispielsweise Sir William Petty, sahen ihre statistische Wissenschaft gleichermaßen als Beitrag zum Verständnis wie zum Glück des Menschen an. Fromm und Marcuse machten sich jedoch die Abneigung zunutze, die viele Kinder gegen Zahlen und Arithmetik empfinden, eine Abneigung, die die literarischen Intellektuellen beibehalten. Für das Kind sind Zahlen häufig Ausdruck einer Disziplin, die ihm von einer bisweilen harten und feindlichen Welt der Erwachsenen auferlegt wird; Zahlen bedrohen die Spontaneität des Daseins. Der freie Markt, in dem Angebot und Nachfrage quantifiziert werden, kann zum projektiven Ziel für das

Ressentiment gegen die Zahlen werden, die der weichen, mütterlichen Welt des Kindes ein Ende zu bereiten scheinen.

Die Wurzel allen Übels

Auch auf die traumatischen Erfahrungen des Kindes mit Geld nimmt die dialektische Persönlichkeit Bezug. Von Karl Marx bis Erich Fromm, von der spartanischen bis zur sowjetischen Gesellschaft haben die Kritiker des freien Marktes emotionsgeladene polemische Schriften gegen das Geld verfaßt. Geld, so schrieb Marx, sei der »radikale Gleichmacher«, der die qualitativen Unterschiede zwischen den Waren verwische und deswegen zu Recht von den Alten als die moralische Ordnung der Dinge untergrabend verurteilt worden sei; sowohl im *Kapital*, das er in der Mitte seines Lebens verfaßte, wie auch in den unveröffentlichten Manuskripten seiner Jugendjahre zitiert Marx Shakespeares Verdammung des Geldes:

»Gold? kostbar, flimmernd, rotes Gold! . . .
So viel hiervon macht schwarz weiß, häßlich schön;
schlecht gut, alt jung, feig tapfer, niedrig edel . . .
Ja dieser rote Sklave löst und bindet
Geweihte Bande . . .
Verdammt Metall,
Gemeine Hure du der Menschen, die
Die Völker tört.«[14]

Auch Fromm erklärt, der Besitz von Geld sei eine unmenschliche Art und Weise, Waren zu erwerben: »Die menschliche Art und Weise des Erwerbs würde in einer Anstrengung bestehen, die qualitativ dem entspricht, was ich erwerbe.«[15]

Der Tauschhandel ruft in jedem Kind Ängste hervor. Viele bekannte Geschichten berichten von dem einfachen Bauernjungen, der sein Geld und seine Gegenstände so lange gegen andere Dinge eintauschte, bis ihm praktisch nichts mehr blieb; da er weder die Arbeitswerttheorie noch die in den verschiedenen Gegenständen enthaltenen relativen Arbeitszeitmengen kannte, konnte der unglückliche Bursche im Märchen die Gleichungen des Tauschhandels nicht lösen. Und bei seinen ersten Einkäufen fragt sich jedes Kind, ob es nicht eigentlich etwas Geld zurückerhalten sollte; es fühlt sich dem erwachsenen Kaufmann unterlegen, der die Geschäftsbedingungen diktiert, und ist dem Betrüger wehrlos ausgeliefert. Die dialektische Schule facht dieses Trauma der Kindheit erneut an. Dabei spielt es kaum eine Rolle, daß die Erfindung des Geldes in Wirklichkeit einen ungeheueren Fortschritt in der Geschichte der menschlichen Freiheit darstellt, da es nicht nur einen flexiblen Warentausch ermöglichte, sondern auch durch seine Unterstützung bei bürgerlichen Kalkulationen dazu beitrug, die Menschen rational zu machen; der Wunsch, mit aller Welt Handel zu treiben, bildete häufig das stärkste Gegengewicht zu religiösen Meinungsverschiedenheiten und Differenzen auf Stammesebene. Die Dialektiker übersehen, daß kommunistische Gesellschaften, suchen sie die Vielfalt der menschlichen Wünsche zu berücksichtigen, stets die Institution des Geldes wiedereinführen.

Außerdem behaupten die Kritiker, der Markt verstoße gegen Geheiligtes, ja er verletze das erste Gebot. Diese Meinung wird häufig in einer beinahe religiös anmutenden Sprache zum Ausdruck gebracht. So behauptet Erich Fromm in seinen Schriften, der freie Markt bringe »Götzenverehrung oder Entfremdung« hervor. »Der Götze stellt seine eigenen Lebenskräfte in entfremdeter Form dar«; er steht von den Menschen entfernt und ihnen feindlich gegenüber, obwohl sie ihn errichtet haben. Die Dialektiker sehen den Markt als eine Art heidnischen Gott, einen Moloch an, der durch die Arbeit des Volkes errichtet wurde, in dessen Flammen seine Erbauer jedoch zugrunde gehen werden.

Im Mittelpunkt von Fromms Definition geistiger Gesundheit in *The Sane Society* steht das »Auftauchen des Einzelnen aus inzestuösen Bindungen an Sippe und Boden«. Die dialektische Persönlichkeit neigt jedoch dazu, diese Freiheit nicht so umfassend auszulegen, daß sie auch Unabhängigkeit von Klasse, Partei, Proletariat, Bewegung oder Revolution einschlösse. Denn die revolutionären Intellektuellen haben in diese Begriffe die gleiche Art Emotion hineingelegt, die Fromm mit dem Etikett ›inzestuös‹ versieht. Die Annalen des Marxismus sind voller Lobgesänge auf das »große Herz der Arbeiterklasse«, auf die Göttin der Revolution und den nährenden Busen der Partei. Die vage Anklage, daß »die entfremdete Arbeit den Menschen von der Natur trennt«, projiziert das unbewußte Ressentiment, »die entfremdete Arbeit« sei die Arbeit, die der Vater von dem intellektuellen Sohn fordere, der nur höchst ungern seinen Bereich von Kunst und Spiel aufgibt, um sich seinen Lebensunterhalt zu verdienen. Und doch streben die meisten Menschen nach Trennung oder Unabhängigkeit von einer immer wieder als grausam und launisch erfahrenen Natur: siehe die Häuser, die sie sich gebaut, die Brunnen, die sie gegraben, und die Kleider, die sie sich genäht haben.

Kurz gesagt, entwickelt die dialektische Persönlichkeit bei ihrer Kritik des kapitalistischen Systems einen persönlichen Groll, der eher für eine fixierte Generationsrevolte als für die Menschheit im allgemeinen charakteristisch ist. Der Markt wird als ein unpersönlicher, erbarmungsloser, menschenverschlingender Riese dargestellt; der revolutionäre Intellektuelle ist der Riesentöter. So schreibt Fromm:

»Staat und Wirtschaft, die ins Riesenhafte angewachsen sind, werden nicht mehr vom Menschen gelenkt«; er beklagt sich über die Gesetze des Marktes, die »wie Gottes Wille — außerhalb des eigenen Willens- und Einflußbereiches liegen«, und er ruft zum Widerstand gegen die Anonymität der kapitalistischen Kräfte auf.

Konvergenz der Neurosen

Ludwig Marcuse, Erich Fromm und Paul Goodman wurden für die linken Studenten und die revolutionären Intellektuellen der 60er Jahre zu den führenden prophetischen Persönlichkeiten. Gegen Ende dieses Jahrzehnts war die dialektische Persönlichkeit unter der jüngeren Generation in den Vereinigten Staaten typischer geworden als je zuvor. Die Ablehnung des Marktes als Institution wurde für viele Studenten zu einer Zeit zu einem Axiom, als sich die wirtschaftliche Macht, die kapitalistische Stabilität, der Lebensstandard und die technischen Erfolge Amerikas auf ihrem Höhepunkt befanden. Entgegen den Prophezeiungen von Marx fiel die Profitrate nicht, und die Produktion stieg weiter an. Die antikapitalistische Mode der 60er Jahre hatte also eindeutig irrationale Quellen. Gewiß, viele der führenden Persönlichkeiten der studentischen Linken sind als Fälle extremer Neurosen dokumentiert; der Prozentsatz solcher — vielfach höchst tragischer — Neurosen übersteigt die Zahl der bekannten Fälle dieser Art im Zusammenhang mit dem amerikanischen Radikalismus der 30er Jahre um ein Vielfaches. Einige wenige Beispiele unter den Angehörigen der amerikanischen neuen Linken mögen genügen: Mario Savio, der wortgewandteste von Berkeleys Studentenführern, dessen Name ein Synonym für die kompromißlose Ablehnung des Systems war, wurde in ein Irrenhaus eingeliefert[16]; Robert Starobin, von 1964 bis 1965 Sprecher von Berkeleys graduierten Studenten, beging 1970 Selbstmord[17]; Marshall Bloom von der Universität Amherst, der wesentlich für die Schließung der London School of Economics im akademischen Jahr 1966/67 verantwortlich war, beging 1969 Selbstmord[18]; Jerry Rubin, der erst in Berkely eine führende Position innehatte und 1966 zu den ›Chicago Seven‹ überwechselte, wurde 1975 zum glühenden Anhänger eines seltsamen Kultes der Selbstanbetung des Körpers[19]; während sein Weggefährte bei den Versuchen, an den Grundfesten der Gesellschaft zu rütteln, Rennie Davis, die Gewänder eines Sendboten der Bewegung ›Göttliches Licht‹ angetan hatte und einen indischen Jüngling als die Verkörperung aller göttlichen Tugend und Wahrheit anbetete[20]; und der Führer einer entsprechenden Bewegung in Toronto, Andy Wernick, berichtete öffentlich über die hohe Zahl von Nervenzusammenbrüchen unter seinen Anhängern ...[21]

In den 60er Jahren trafen irrationale Motivationen unter den studentischen Intellektuellen mit soziopolitischen Kräften zusammen. Einige befriedigten sadistische Sehnsüchte durch den Terrorismus; andere erfüllten sich masochistische Wünsche, indem sie den Niedrigsten in der Gemeinschaft dienten; einige verherrlichten den Inzest mit ihren Müttern, indem sie ihre politische Sekte entsprechend benannten, während andere für die Zerschlagung der Monogamie eintraten; einige wollten eine totalitäre Gesellschaft, in der sie als Erste unter Gleichen herrschen würden, während andere Mitglieder der Bewegung sich eine Gesellschaft aus Vereinen und Kommunen wünschten; einige entschieden sich für den Lebensstil der Hippies, bei dem sie den ganzen Tag spielen und ihr Ego auf halluzinogenen Rauchwolken auf die Reise schicken konnten; andere wollten die vom Vorsitzenden Mao in seinem Buch über die Lebensführung empfohlene strenge Einfachheit befolgen; einige lehnten die Nahrungsmittel des Systems ab und verbanden ihre politische Rebellion mit einer gastronomischen: in der Überzeugung, die Nahrungsmittel und das Wasser seien durch die freie marktwirtschaftliche Ordnung hoffnungslos verseucht, und zartbesaitet angesichts der Grausamkeit, Tiere für den menschlichen Verzehr zu opfern, wurden sie zu Vegetariern.

Während das Vegetariertum in den Kommunen der neuen Linken blühte und gedieh, wurde manche ›freie Universität‹ mit einem Lehrplan für Astrologie, Magie und Nekromantie gegründet. 1967 ernannte die Wochenzeitschrift *Time* die neue Generation zu ihrem ›Mann des Jahres‹, und zwar wegen ihres Engagements für das grundlegende abendländische Ethos, als eine »Generation neuer Art«, obwohl das besessene Streben der jungen Leute nach unmittelbarer Wunschbefriedigung der Zeitschrift *Nation*, einem Organ der alten Linken, Sorgen machte. Die Kulturrevolution (oder die Gegenrevolution) wurde weithin als Anfang vom Ende der auf Wettbewerb beruhenden, kapitalistischen Zivilisation begrüßt: »Hosen mit weiten Beinen, Arbeitskleidung, Drop-outs, Orgien, Haschpartys, Perlen, Gitarren, Kommunen, Schnorren, Untergrundzeitschriften, Platten, psychedelische Poster, Buttons.«[22]

Vor 70 Jahren schrieb Max Weber, die protestantische Ethik sei eine notwendige Voraussetzung für die Entwicklung und den Aufstieg des Kapitalismus gewesen. Die mit Einführungsvorlesungen in die Soziologie genährte neue Linke zog die entsprechende Schlußfolgerung: Man untergrabe die protestantische Ethik, und der Kapitalismus bricht zusammen.

Dieses Phänomen könnte man ›Kristallisierung‹ oder ›Konvergenz der Neurosen‹ nennen. Um welche Variante psychologischer Unzufriedenheit es sich auch handeln mochte — um die sadistische oder masochistische, die autoritäre oder antiautoritäre, die asketische oder promiskuitätsfreundliche, die ordnungssuchende oder primitivistische —, alle vereinten sie sich zu diesem einen Strom und wurden von ihm getragen, um die kapitalistische Wettbewerbsgesellschaft in die Knie zu zwingen.

Ablehnung traditioneller Werte

So vereinigten sich die sozialistischen Sekten, Gruppen, Grüppchen und Unterbewegungen zu der ›Bewegung‹, wie sie in den 60er Jahren genannt wurde.[23] Der Bewegung zugrunde lag eine aus der Tiefe aufsteigende Revolte gegen die Lebensweise und die Lebensauffassung der älteren Generation, eine Revolution in bezug auf das, was sie den ›Lebensstil‹ nannten (noch ein aus den Einführungsvorlesungen in die Soziologie übernommenes Wort). Die Werte der älteren Generation ablehnen hieß 1969 folglich, ihre kapitalistische Wirtschaft abzulehnen, und zwar unabhängig von deren Leistungen. Produktivität und Komfort wurden als Kriterien für den menschlichen Fortschritt abgelehnt. Ein primitivistischer Impuls gegen die Zivilisation der Schulen kam an die Oberfläche. »Alle Schulen sind Gefängnisse«, schrieb Jerry Rubin als Echo auf Paul Goodman. Die Bewegung wurde jedoch nur durch ein einziges gemeinsames Ziel zusammengehalten: die Abschaffung des kapitalistischen Systems. Was aber sollte an seine Stelle treten? In dieser Frage versuchten nun alle diejenigen, die unterschiedliche psychologische Richtungen vertraten, alle die auf ihre Weise Neurotischen und Frustrierten, die politisch Unbewußten, auf die neue gesellschaftliche Zukunft ihre besondere Version dessen zu projizieren, was man am besten *post-neurotische Gesellschaft* nennen könnte. Der ›hedonistische Anarchist‹, wie Abie Hoffman sich selbst nannte, hatte eine vage Vorstellung von einer Welt aus einer Vielzahl von Kommunen; die wiedererstandenen Trotzkisten sahen das Heraufkommen einer ›Arbeiterdiktatur‹ voraus, d.h. die wohlwollende Herrschaft der Intellektuellen; die erste ›Generation‹ des SDS (Students for a Democratic Society) versprach sich viel von einem Bündnis mit den Armen, aber die zweite Generation, für die diese Vorstellung ihren Zauber verloren hatte, sah 1966 in aller Offenheit die Universitätsstudenten als die neue regierende Elite und Klasse der Geschichte an.[24] Dann gab es welche, vor allem unter den aus eigenen Gnaden ernannten ›Weathermen‹, denen es weniger um die neue Gesellschaft als um das Vergnügen ging, das sich aus terroristischer Aktivität gegen die alte ziehen ließ. Sie hatten das Bücherlesen aufgegeben (ihre Führer sagten 1969, sie hätten innerhalb eines Jahres nicht ein einziges Buch gelesen)[25] und fanden ungeheueren Gefallen an der Heimlichkeit und Verborgenheit des Untergrunds — sie stellten Bomben her, heckten Sprengstoffanschläge aus, stießen mit den ›Pigs‹ zusammen und stürmten Universitätsgebäude. Das Schlagwort der ›Weathermen‹ 1970 lautete ›Barbarei‹, und sie bekraftigten, ihre Rolle in der modernen Gesellschaft ähnele derjenigen der »Vandalen und Visigoten, die in das dekadente und korrupte Rom einfielen und es zerstörten«.[26] Auf ihrer Jahresversammlung 1969 sprach sich der programmatische Redner in den höchsten Tönen für einen Persönlichkeitskult des Mörders Charles Manson aus. Der nächste Redner erklärte nüchterner: »Wir sind gegen alles, was gut und anständig ist.«[27]

Wie kann man sich also den wachsenden Groll gegen die marktwirtschaftliche Ordnung erklären, während gleichzeitig Bücher geschrieben wurden, in denen die ›Wohl-

standsgesellschaft‹ gefeiert wurde? Die aggressiven Energien der Generationen, die die moderne Landwirtschaft und Technik in bahnbrechender Weise geschaffen und entwickelt hatten, waren durch die Auseinandersetzungen mit Problemen der Außenwelt gebunden. Familienstreitigkeiten spielten eine untergeordnete Rolle, da die aggressiven Triebe in den Kampf um den Lebensunterhalt und die Beherrschung der Umwelt gelenkt wurden. Die Sache sieht jedoch anders aus, wenn zwischen der Gesellschaft und ihrer natürlichen Umwelt praktisch ein Gleichgewicht erreicht wurde. Ist für eine große Gruppe von Menschen ein nie dagewesenes Maß an Komfort erreicht, so daß es keine grundlegenden Herausforderungen mehr gibt, tritt das ein, was wir eine ›Umkehr der Polarität des soziomagnetischen Feldes‹ nennen könnten. Die aggressiven Kräfte, die früher in Handel und Industrie nach außen gerichtet waren, kehren sich jetzt nach innen, gegen das Selbst oder gegen die Gesellschaft.
Früher pflegte man zu sagen, der Mensch sei ein Tier, das Probleme löst, d.h., der Mensch löst Probleme, die ihm durch Hindernisse in der äußeren physischen und sozialen Umwelt gestellt werden. Der lebende Organismus strebt, wie Herbert Spencer sagt, die Wiederherstellung eines Gleichgewichtszustandes zwischen außen und innen an. John Deweys gesamte Wissenstheorie baut auf der Vorstellung auf, daß die Intelligenz ein Werkzeug zur Lösung von Problemen darstellt, die durch Ungleichgewichte in der äußeren Umwelt entstanden sind. Nun trifft diese Aussage sicherlich für den größten Teil der Geschichte der Menschheit zu. Scheint der Mensch seine grundlegenden Probleme jedoch gelöst zu haben, wird er ein Tier, das nach Problemen sucht. Die überschüssigen, aggressiven Energien, die sich in ihm angesammelt haben, verlangen nach äußeren Hindernissen, die es nicht gibt. Wo es sie doch gibt, wie in den Bereichen der Weltraum-

forschung und der Wissenschaft, liegen sie weit außerhalb der geistigen Möglichkeiten der meisten jungen Leute, selbst der Kinder wohlhabender Eltern. Nur der kleinen Gruppe der Talentiertesten dienen sie als Herausforderung.

In der amerikanischen Literatur der späten 50er Jahre fand eine Suche nach einem neuen ›Zweck‹, d.h. einem neuen Problem, einer Herausforderung für die Energien der jungen Leute, statt; leider zeigte sich ein solches Problem nicht. Und so wandten sich die aggressiven Energien allmählich regressiven Zielen zu. Die jungen Leute, die mit den Vorteilen des kapitalistischen Systems aufgewachsen waren, fühlten sich ob dieser Tatsache schuldig (autoaggressiv); sie lehnten den kapitalistischen Lebensstil ab, haßten seine Annehmlichkeiten und priesen diejenigen, die nicht von den Fleischtöpfen des materiellen und kulturellen Fortschritts gegessen hatten. Die neue Ethik der Autoaggression hatte eine Verunglimpfung des materiellen Erfolges, der Schönheiten von Kunst und Sprache, der Rechtsstruktur und der Kriterien zur Folge, nach denen der Markt Positionen, Privilegien und Belohnungen verteilt. Das Gefühl von Entfremdung seitens derjenigen, deren Leben so bequem und äußerlich gesehen so vergleichsweise problemlos verlaufen war, daß es dem sozialthermodynamischen absoluten Nullpunkt gleichkam, war die Reaktion der gegen die eigene Person und die eigene Familie eingesetzten Energien. Eben weil der freie Markt so erfolgreich war, wurde ein äußerst emotionaler Angriff gegen diese Art Gesellschaft gestartet.

Überlegene Intelligenz und der Verlust des Realitätsgefühls

Einige der neuen Linken wohlwollend gegenüberstehende Psychologen mittleren Alters haben Untersuchungen veröffentlicht, in denen die jungen Revolutionäre dargestellt werden, als habe es sich um Menschen von überlegenem geistigem Format gehandelt, um junge Leute, die psychologisch gesund, geistig beweglich und tolerant waren und die liberalen Werte ihrer Eltern akzeptierten, ihnen nacheiferten und sie weiterentwickelten.[28] Die Argumente für eine Kontinuität zwischen den Wertvorstellungen der jungen Leute und denen der älteren Generation sind nicht recht mit so relativ eindeutigen Reaktionen wie der Revolte der Aktivisten gegen die Institution der monogamen Familie in Einklang zu bringen. Von 1965 an hieß dem SDS beitreten überdies, »mit der Familie brechen, es hieß abgeschnitten sein ... so, als ob man im frühen Rom einer christlichen Sekte beigetreten wäre«.[29] Die Führer des SDS waren ausgeflippt, d.h. vorzeitig von den Universitäten abgegangen.

Linke Psychologen haben das Wesen des ›Dialoges‹ zwischen den jungen Aktivisten und der älteren Generation mißverstanden, vor allem in den Fällen, in denen Grundwerte beiden offensichtlich gemeinsam waren. Denn was heißt, den ›Grundwerten‹, die man mit seinen Eltern gemein hat, ›nachzueifern und sie weiterzuentwickeln‹? Konsequentes Nacheifern und konsequente Weiterentwicklung gehören auch zu den klassischen Werkzeugen der Generationsrevolte. So sagt ein Vater beispielsweise, er glaube an die Gleichheit aller Menschen, worunter er Chancengleichheit am Arbeitsplatz versteht; daraufhin verkündet der Sohn, auch er glaube an Gleichheit, ›erweitert‹ diesen Begriff aber dahingehend, daß er Gleichheit der Bedingungen bedeutet; schließlich verurteilt der Sohn

Chancengleichheit als Heuchelei und empfiehlt beispielsweise die Anwendung rassischer Quoten in der Industrie und im Bildungswesen.[30] Die Bedeutung von Gleichheit wird also in der Weise abgeändert, daß sie die ethische Grundlage nicht für eine kapitalistische Wettbewerbsgesellschaft, sondern für eine geplante Gesellschaft bildet. Ohne Zweifel wurde jedes Mal dasselbe Wort Gleichheit verwendet, aber seine verschiedenen Benutzer verbanden damit nicht die gleichen Wertvorstellungen. Die Bedeutung eines Begriffes bis zu dem Punkt erweitern, wo er einen entgegengesetzten Wert unterdrückt, ist nach wie vor das beliebteste Mittel, den gegen die ältere Generation erhobenen Vorwurf der ›Heuchelei‹ zu begründen. Dieses Drama spielte sich häufig in den Familien der sogenannten ›Kinder mit den roten Windeln‹ ab, d. h. den Kindern von Eltern, die früher einmal Kommunisten, kommunistische Oppositionelle oder Mitläufer gewesen waren.[31] Kinder von Kommunisten legten in der Tat besonderen Wert darauf, selbst wenn sie sich Kommunisten nannten, sich gegenüber ihren Vätern abzugrenzen.

In den 30er Jahren wurden immer wieder psychologische Untersuchungen veröffentlicht, die nachzuweisen vorgaben, die kommunistischen Studenten seien die intelligentesten und die emotional ausgeglichensten. Entsprechende Untersuchungen wurden in den 60er Jahren angestellt, wenn auch bisweilen einschränkend bemerkt wurde, die Linke verfüge über eine überlegene Intelligenz verbaler und weniger mathematischer Art.[32] Die ersten Fälle, die Psychologen in den 60er Jahren untersuchten, wiesen noch keine unverhohlen gewaltsamen Züge der Generationsrebellion gegen die Werte ihrer Eltern auf. Ein Psychiater der Universität Yale, der voller Bewunderung für die ersten von ihm interviewten Studenten war, wurde später von einem seiner Patienten aus Harvard wegen seiner Naivität gerügt. Junge Radikale, so sagte dieser Patient, sollten Dr. Kenistons »überströmendes Lob der Familien seiner Patienten« skeptisch gegenüberstehen; Dr. Keniston hatte behauptet, diese Familien zeichneten sich durch »ungewöhnlich starke Ambivalenz der Söhne gegenüber den Vätern aus, die sie häufig als prinzipienstark, aber schwach ansahen«. Der Patient hatte den Eindruck, der linke Psychiater habe die familiären Beziehungen der Kinder der neuen Linken in der oberen Mittelklasse nicht richtig verstanden. Außerdem hatte es der linke Psychiater in seinem mit weichen Strichen gezeichneten Porträt versäumt, die Anziehungskraft von Drogen und Terrorismus zu berücksichtigen.[33]

Die Lebensläufe der SDS-Führer zeigen, daß sie unfähig sind, sich auf ein Thema zu konzentrieren, und zu ziellosem Handeln, einer oppositionellen Attitüde und zu Dilettantismus neigen. Zudem studierte fast keiner der führenden Aktivisten ein naturwissenschaftliches Fach, sei es Physik oder Mathematik, das von den Studierenden einen ausdauernden und konsequenten Einsatz verlangt.

Die politischen Psychologen haben in der Tat bei ihrer Erforschung der Natur der linken Intelligenz eine grundlegende Frage übersehen: Kann eine überlegene Intelligenz als solche den Betreffenden für regressive emotionale Reaktionen anfällig machen? Ein Forscher kam nach der Untersuchung einiger hochbegabter Personen zu dem Schluß, daß »ihre ungewöhnliche Intelligenz eine Schwächung des Realitätsprinzips bewirkte«.[34] Der begabte Mensch ist möglicherweise auch der geschlagene Mensch; im Gegensatz zu seinen schwerfälligeren Mitmenschen hat er alle Fragen gegebenenfalls so schnell gelöst, daß es sich für ihn erübrigt, die Fähigkeit zu entwickeln, eine Herausschiebung der Erfüllung seiner Wünsche zu ertragen; seine Gaben vermitteln ihm vielleicht das Gefühl, über Zauberkräfte zu verfügen. Das von ihm angesammelte Wissen und Problembewußtsein war vielleicht größer als die emotionalen Kräfte seiner Kinder- und Jugendjahre. Sein Verstand, der die Schwächen seiner Eltern auf bisweilen traumatische Weise sehr viel früher als andere verspürte, mag sich in der Folge zu einem stark emotionalisierten, aggressiven Instrument entwickelt haben. Das Gewicht seiner Einsichten und seines Einfühlungsvermögens hat es ihm also möglicherweise erheblich erschwert, seine Entwicklungskrise erfolgreich zu meistern. In den Augen von Klassenkameraden und Freunden haftet geistiger Überlegenheit außerdem etwas Unmännliches an. Bisweilen verheimlichen jene Intellektuellen deswegen ihre Interessen und Erfolge. Vielleicht liegt hier eine weitere Quelle für die Zurück-zum-Volk-Bewegungen, die Intellektuelle unserer Zeit dazu veranlaßten, gegen ihre Intellektualität zu revoltieren und die Kleidung des ungelernten Arbeiters anzulegen. Außerdem wurde beobachtet, daß es den intelligenteren Kindern, die das Vertrauen in ihre Eltern bereits relativ früh verlieren, »Schwierigkeiten bereitet, ihren Ödipuskomplex zu bewältigen«. Gleichzeitig verstärkte ihre »ohne Mühe erreichte Perfektion« in der Schule ein Gefühl »infantiler, narzißtischer Omnipotenz«.

Die humanistischen Intellektuellen

Glücklich sind die Begabten, deren Interesse und Arbeitskraft in die Physik, die Naturwissenschaft oder den Maschinenbau gelenkt wird, die alle die gesunde Erfahrung des Umgangs mit der sinnlich erfahrbaren Wirklichkeit bieten. Dem literarischen oder humanistischen Intellektuellen fehlt es hingegen an dem Ballast der empirischen Überprüfung seiner Hypothesen, die häufig als emotionale Reaktionen konzipiert werden. Leidet er mit

den Menschen unter dem Joch der Marktwirtschaft, so stellt er sich unverzüglich ein gesellschaftliches System vor, in dem diese Leiden beseitigt werden. Seine logischen und seine ästhetischen Kräfte wie auch seine Phantasie gehorchen jedoch seinem emotionalen Willen, etwas glauben zu wollen. Es ist schwer für ihn, sich nüchtern zu fragen: Welches sind die Vorteile und welches die Nachteile verschiedener Gesellschaftsordnungen? Wie reagieren verschiedene menschliche Charaktere auf unterschiedliche gesellschaftliche Bedingungen? In welcher Weise wirken Gesellschaftssysteme frustrierend, befriedigend und schöpferisch anregend? Welche Systeme schränken die persönliche Freiheit am stärksten ein? Diese Fragen mögen aus der Sicht des warmherzigen, humanistischen Intellektuellen nebensächlich, kleinlich und hinderlich erscheinen. Vernunft dient dann der Rationalisierung und weniger der wissenschaftlichen Untersuchung. Der überlegene Verstand des humanistischen Intellektuellen tut den Tatsachen möglicherweise überlegene Gewalt an, wie das Kind, das seine Intelligenz darauf verwendet, ein sich ihm widersetzendes Spielzeug zu zerstören.
Die kommunistischen Studenten, die den Psychiatern der Universität Columbia und des City College zufolge über eine überlegene Intelligenz verfügten, waren folglich häufig diejenigen, die die Moskauer Schauprozesse, Stalins Version der Geschichte und den Pakt zwischen Hitler und Stalin als richtig schluckten. Auch die Herausgeber der Zeitschrift *The New Republic* — fähige, gemeinschaftsorientierte und begabte Schriftsteller — befürworteten die Urteile der Moskauer Prozesse. Männer der Ideen, wie Max Lerner es einmal formulierte, möchten sich abhärten, um ihre Ideen zu Waffen zu schmieden. Der ›harte‹ Wissenschaftler, Ingenieur oder Techniker sublimiert seine generationsbedingte Aggression, indem er sich mit der Umwelt auseinandersetzt. Der humanistische Intellektu-

elle andererseits schwankt zwischen Phantasie und Gewalt. Nur die stärkste Widerlegung seines Impulses zur Generationsrevolte durch Tatsachen, das Verschwinden dieses Impulses oder sein altersbedingtes Nachlassen wird seinen Verstand von diesen Fesseln befreien. Die Sprache des ›Gottes, der versagte‹, ist die der humanistischen Intellektuellen, die durch nichtrationale Motive dazu angespornt werden, sich einen Gott für sich selbst zu schaffen. Ihre theoretischen Überlegungen zu den Alternativen zum kapitalistischen System ähneln häufig einer Erkundungsreise in die politische Theologie. Selten versteht ein Wissenschaftler, dessen Hypothese widerlegt wurde, dies im ebengenannten Zusammenhang.

Der in der jüngsten Zeit zu verzeichnende, nie dagewesene Anstieg der Zahl der humanistischen Intellektuellen hat die Zahl der ›dialektischen Persönlichkeiten‹ innerhalb der intellektuellen Elite überproportional ansteigen lassen. Folglich verbreitete sich die Zwangsvorstellung, das kapitalistische, marktwirtschaftliche System angreifen zu müssen. Welches Problem sich auch stellte, stets wurde der Sozialismus als Lösung angeboten. Und weil der Sozialismus stets als einzige Alternative zum Kapitalismus genannt wurde, hatten die Intellektuellen den Eindruck, er besäße das Mandat der ›historischen Unvermeidlichkeit‹. Eine konsequente ›dialektische‹ Generationsrevolte gegen das kompetitive, kapitalistische System bedeutete, es zu negieren und den Sozialismus als das diametral entgegengesetzte Prinzip zu propagieren.

Der Sozialismus in den Universitäten

In seinem bedeutenden Buch *Kapitalismus, Sozialismus und Demokratie* argumentiert Joseph Schumpeter, der zu starke Ausbau der Universitäten habe die Zahl derjenigen vermehrt, die in »niedrigen Berufen psychisch unanstellbar sind«, und nähre eine »Grundhaltung der Unzufriedenheit«. Als die Neue Linke in den 60er Jahren auftauchte, erfreuten sich die Intellektuellen und Studenten an den Universitäten in der Tat der besten wirtschaftlichen Chancen, die es je gegeben hatte: Professuren, Zuschüsse und Forschungsstipendien waren in Hülle und Fülle vorhanden. Im Kabinett des Präsidenten und unter seinen Beratern stellten die Professoren die angesehenste Gruppe dar. Folglich war nicht die Ökonomie der Arbeitslosigkeit das wesentliche Antriebsmoment für ihre sozialistischen Sehnsüchte und ihre Überzeugung, der freie Markt sei der Nährboden der Entfremdung. Neben seiner wirtschaftlichen Erklärung führt Schumpeter auch eine eher psychologisch-institutionelle Begründung an. Er verweist auf die für den »intellektuellen Zuschauer typische Einstellung gegenüber Menschen, Klassen und Zivilisationen«.

Manch ein Soziologe oder Politologe hat an der Universität nicht die Erfüllung gefunden, da er meinte, seine wahre Berufung bestehe darin, die Gesellschaft zu ändern. Sicherlich hat er sich Marxens Aphorismus erneut vorgesagt: »Die Philosophen haben die Welt nur interpretiert; es geht jedoch darum, sie zu ändern.« (Das Zitat lauter genau: »Die Philosophen haben die Welt nur verschieden *interpretiert;* es kömmt jedoch darauf an, sie zu *verändern.*«)

Der einzige große Ingenieur, der auch ein Sozialist war, war Charles P. Steinmetz. In seinem Fall waren seine sozialistischen Bestrebungen das Ergebnis der Tragödie eines mißgestalteten Körpers. Er pflegte seinen Kollegen von General Electric und seinen Mitbürgern in Schenectady zu erzählen, er wünsche sich eine Welt, in der alle Kinder ›symmetrisch‹ seien. Und sein Glaube an den Sozialismus entwickelte sich im Deutschland Bismarcks, wo einem im Falle jüdischer Abstammung an der Universität immer noch bestimmte Rechte vorenthalten wurden und wo die Sozialisten verfolgt wurden.[35]

In gleicher Weise waren der Sozialismus Oppenheimers und Einsteins weit mehr eine Reaktion auf die Verfolgung ihrer jüdischen Landsleute als das Ergebnis von Unzufriedenheit irgendeiner Art mit dem Kapitalismus. Disraeli hatte ohne Zweifel recht mit seiner Behauptung, es sei der besondere Umstand einer solchen Verfolgung oder die Erinnerung daran, die junge Juden zu Revolutionären machten. Der Antisemitismus stellt jedoch eine künstliche Beschränkung des wettbewerbsorientierten, kapitalistischen Marktes dar, nicht einen integrierenden Bestandteil dieses Systems. Der Antisemitismus ging zuerst in der marktwirtschaftlichen Gesellschaft der holländischen Handelsstädte im 16. und 17. Jahrhundert zurück.

Wissenschaftler und Erfinder haben in der Regel erkannt, daß ihrer Arbeit in einer überwiegend wettbewerbsorientierten und kapitalistischen Umwelt ein wesentlich besseres Los beschieden war als in der Planwirtschaft. So erklärte der mutige sowjetische Physiker Andrej Sacharow vor kurzem:

»Es ist kein Zufall, daß sich gerade in unserem Land viele Jahre lang neue und vielversprechende wissenschaftliche Strömungen auf den Gebieten der Biologie und Kybernetik nicht normal entwickeln konnten, während an der Oberfläche offene Demagogie, Unwissenheit und Scharlatanerie üppig ins Kraut schossen. Es ist kein Zufall, daß alle großen wissenschaftlichen und technischen Entdeckungen der letzten Zeit — die Quantentechnik, die Auffindung neuer Elementarteilchen, die Spaltung des

Urans, die Erfindung der Antibiotika und der meisten hochwirksamen medizinischen Präparate, die Erfindung des Transistors, der elektronischen Rechenmaschinen, der Laserstrahlen, die Züchtung neuer hochproduktiver Sorten von landwirtschaftlichen Nutzpflanzen, die Schaffung anderer Komponenten der ›grünen Revolution‹, einer neuen Technologie in der Landwirtschaft, Industrie und im Bauwesen — nicht in unserem Land stattgefunden haben.«[36]

Die humanistischen Intellektuellen sind es, die im wesentlichen das Ethos der Universitäten prägen. In früheren Jahren pflegte sich ein hoher Prozentsatz der Studenten durch die Universität ›durchzuarbeiten‹. Diese Erfahrung war ebenso wichtig wie wertvoll; sie verstärkte den Kontakt zur Wirklichkeit und bildete ein Gegengewicht zu Tendenzen zu gesellschaftlichen Phantasien. Die Marxschen oder Marcuseschen Sätze über Arbeit und die Arbeiter klingen denjenigen hohl in den Ohren, die Seite an Seite mit ihnen gearbeitet haben. Heute jedoch werden die Studenten als ausgesprochen begünstigte Schicht großzügig unterstützt, und ihre Erfahrungen konzentrieren sich sehr viel stärker ausschließlich auf die Universität. So kommt es zu folgendem Paradox: Genau zu der Zeit, wo die Universitätsstudenten nach größerer Einbindung in die Gesellschaft verlangen, sind sie in bezug auf den beruflichen Alltag in den Vereinigten Staaten von ihr stärker isoliert denn je. In Verbindung mit der Zielrichtung ihrer Generationsrevolte verstärkt die Universitätskultur die antikapitalistische Grundhaltung.[37]

Es wäre jedoch falsch, sich den ›Universitätssozialismus‹ als einzig und allein auf dem Element des Machtstrebens beruhend vorzustellen. Er nährt sich zudem von einem starken Gerechtigkeitsgefühl, verbunden mit einem Schuldgefühl.[38] Ein solches Gerechtigkeitsgefühl war es beispielsweise vor allem, das aus R. H. Tawney, einem anerkannten Wirtschaftshistoriker, einen Sozialisten machte. So tief ging seine Rebellion gegen die kommerziellen Erfolge seiner Familie, daß er an ihren Annalen kein Interesse zeigte. Von Ruskin, Morris und der christlichen Tradition beeinflußt, flößte ihm der Reichtum, den er genoß, während er anderen vorenthalten wurde, Schuldgefühle ein. Wie die russischen Studenten, die ›zum Volk zurück‹ gingen, schloß sich Tawney der ›Workers' Educational Association‹, einem Arbeiterbildungsverein, an. Das Erlebnis des »Geistes der Kameradschaft«, wie er es nannte, machte ihn zu einem Sozialisten. Dieser Vorgang hatte wenig mit theoretischer Analyse zu tun, denn Tawney »hegte sein ganzes Leben lang Verachtung für die theoretische Nationalökonomie« und schrieb in seinem Tagebuch, eine solche Wissenschaft gebe es nicht.[39] Als er im Ersten Weltkrieg in der britischen Armee diente, bestand er darauf, einfacher Soldat zu bleiben.

Es gibt zwei Arten von Gerechtigkeitsgefühl: Einmal handelt es sich, wie Russell schrieb, um ›rationalisierten Neid‹; derjenige, dem Chancen vorenthalten werden, die man anderen einräumt, und der sich selbst für gleichermaßen befähigt und berechtigt hält, empfindet Groll. Zum anderen kann das Gerechtigkeitsgefühl Ausdruck eines Schuldgefühls seitens derjenigen sein, die privilegiert sind; häufig ist es mit starken masochistischen Gefühlen und einer Tendenz zur Selbstzerstörung oder der Zerstörung der Zivilisation verbunden. Tawney meinte in seinen asketischen Momenten, wenn eine Gesellschaft nur gerecht sein könne, wenn sie arm sei, dann müsse Armut gesetzlich vorgeschrieben werden.[40] Shaw, der Egalitarist, war bereit, das Menschengeschlecht der Vernichtung durch die ›Lebenskraft‹ anheimzugeben, weil sie seine sozialistische Vision nicht zu verwirklichen vermochte. Wären aber die Neandertaler Anhänger des Egalitarismus oder wäre ihre Ideologie weitgehend von einem masochistischen Gerechtigkeitsgefühl bestimmt gewesen, hätte es dann evolutionären Fortschritt gegeben?

Der egalitäre Groll gegen den freien Markt ist tief in bestimmten frühkindlichen und kindlichen Erfahrungen verwurzelt. Das Eintreten des Kindes in eine Wettbewerbsgesellschaft hat, wie wir gesehen haben, eine traumatische Komponente. Anfangs besteht die Welt des Kindes im wesentlichen aus seiner Mutter, später aus seiner Familie. In gewisser Weise stellt eine maternalistische Welt, aus Mutter und Kind bestehend, die Urgesellschaft dar. Der Vater, der täglich in die unbekannte Welt der ›Arbeit‹ entschwindet, wird das Kind eines Tages in die Wettbewerbsgesellschaft einführen. Im Laufe der Zeit beteiligt sich das Kind an Spielen, in denen andere Kinder gewinnen, und stellt fest, daß der Vorteil auf seiten der Starken, Schlauen und Listigen liegt. Das Kind entwickelt auf diese Weise möglicherweise eine Abneigung gegen Gewinnspiele und zieht die Spiele vor, in denen jeder ›dran kommt‹. Die Bildersprache des ethischen Kommunismus evoziert stets die frühkindliche Erinnerung an die Urgesellschaft, die Familie und das Trauma des Wettbewerbs. Sie ruft auch die Sehnsucht wach, in eine Gesellschaft zurückzukehren, in der wir einstmals alle eine Familie, alle Brüder und Schwestern waren. Marx jedenfalls haßte später solche Schlagworte wie ›Alle Menschen sind Brüder‹, weil er eine kampforientierte Bewegung wollte. Psychologisch gesehen jedoch gab Marx, so wie er an-

fänglich das Wort ›Entfremdung‹ verwendete, der Sehnsucht Ausdruck, in eine noch nicht vom Wettbewerb geprägte Urgesellschaft zurückzukehren.
Die junge Generation unserer Tage hat wahrscheinlich ein größeres Maß an mütterlicher Fürsorge und Zuwendung genossen als jede andere Generation vor ihr. Die Familien sind kleiner geworden, und die Mütter wurden mit einer solchen Flut von Literatur über die Kinderbetreuung und -erziehung überschwemmt, daß die durchschnittliche Aufmerksamkeit, die heute jedem Kind gewidmet wird, ihren Höchststand erreicht haben dürfte. Für viele war das Zusammentreffen mit der Wettbewerbsgesellschaft wahrscheinlich eine um so traumatischere Erfahrung. In einem Spiel verlieren ruft unbewußte Ängste wach, nicht mehr geliebt und vor allem von dem feindlichen Vater verstoßen zu werden. Der ›geborene Verlierer‹ verinnerlicht seine Flucht vor der Niederlage, vor der Ablehnung durch andere, und lehnt die Wettbewerbsgesellschaft, dieses unmenschliche Wettrennen, ab, bevor sie ihn ablehnen kann. In einer mütterlicheren, sozialistischen Welt, so versichert er, würde er seine gerechte Anerkennung erhalten. Daher die intensive Feindseligkeit der 60er Jahre gegen den freien Markt.

Die Anziehung der Planwirtschaft — die Kollektivierung das Denkens

Vor dem Hintergrund verbesserter Chancen im Bildungsbereich und dem praktisch unbegrenzten Zugang zu den Universitäten ist es schwieriger geworden, das System für das eigene Versagen verantwortlich zu machen. Zu der Zeit, als nur die Oberschicht zur Universität ging, gab es viele Menschen, die (wie die Hauptfigur in *Jude the Ob-*

scure) meinten, es werde ihnen keine Gelegenheit zur vollen Entfaltung ihrer wissenschaftlichen Gaben geboten. Heutzutage erhält jedoch fast jeder diese Chance. Die heute Erfolglosen neigen also dazu, die Chancengleichheit im Bildungsbereich als Teil des ›unmenschlichen Wettrennens‹ anzusehen, das die eigene Persönlichkeit verarmen läßt und die Kreativität lähmt. Die wachsende Zahl der unzufriedenen Quasi-Wissenschaftler projiziert ihre gesellschaftliche Verwandlung und Verklärung auf die dem System entgegengesetzte Alternative, die sozialistische Planwirtschaft. Ist der freie Markt der Schauplatz der Niederlage, so wechsele man einfach den Ort der Aufführung.

Obwohl es also teilweise Männer von überragender Intelligenz waren, die sich bemühten, den freien Markt durch den Sozialismus zu ersetzen, wurden sie als Herrscher der Gesellschaft unweigerlich von den Mittelmäßigen verdrängt, d. h. von Männern mit einem maßlosen politischen Ehrgeiz, aber nur durchschnittlicher Intelligenz. Die sozialistische Gesellschaft tendiert dazu, sich zu einer Mediokratie zu entwickeln, in der die platonischen Philosophen, die gleichzeitig Wächter waren, durch ideologische Wachen ersetzt werden.

Die Mittelmäßigen haben in der Tat erkannt, daß sie bestimmte aggressive Triebe und Sehnsüchte in einer Planwirtschaft sehr viel besser befriedigen könnten. Obwohl ein Dichter wie Andrej Wosnessenskij, ein Romanschriftsteller wie Alexander Solschenizyn und ein Wissenschaftler wie Andrej Sacharow in einer geplanten, sozialistischen Gesellschaftsordnung Berühmtheit erlangten, können die machthungrigen Mittelmäßigen ihre Eifersucht gegenüber so genialen Männern stets freien Lauf lassen, indem sie sie bedrohen, demütigen oder ihnen noch Schlimmeres antun — Mandelstam wurde getötet, Solschenizyn des Landes verwiesen, Sacharow seiner Ämter in Forschung und Lehre enthoben. In unserer Gesellschaft hat ein großer Aufstand der Mittelmäßigen gegen die Verdienstvollen stattgefunden. Tausende von mittelmäßigen Studenten, Nichtstudenten und Ausgeflippten grollen der Beachtung von Leistung und überragendem Können sowie den außerordentlichen Fähigkeiten der Wissenschaftler, die unser Wissen von der Welt erweitern und den Weltraum erforschen. 1969 kam es anläßlich der ersten Landung auf dem Mond in den sogenannten Untergrundzeitschriften zu einem Ausbruch großer Bitterkeit. Er war Ausdruck des Neids der Durchschnittsmenschen, die, unfähig, Geschichte zu ›machen‹, beschließen, die Geschichte ›rückgängig zu machen‹, indem sie an den Grundfesten der Gesellschaft rütteln.

Die kommunistische Organisation ist vor allem das Instrument der Mittelmäßigen. Die Kommunistische Partei, so stellt einer ihrer früheren führenden politischen Analytiker fest, »zog die unsicheren, rebellischen, einsamen oder autoritären Charaktere« an; die Funktionäre, die den Parteiapparat beherrschten, waren keine ›gewaltigen Persönlichkeiten‹, sondern anonyme Durchschnittsmenschen.[41]

Je talentierter der Mensch, desto größer die Furcht der Kommunistischen Partei, er könne die Leere und Inhaltslosigkeit der Aussagen der mediokren Personen an der Macht erkennen und enthüllen. Die Partei schloß kleinere Gruppen aus, weil deren führende Persönlichkeiten Männer von weit größeren Fähigkeiten waren als die der offiziellen Parteispitze. Zu den trotzkistischen Intellektuellen in den Vereinigten Staaten zählten Schriftsteller wie Max Eastman, Mary McCarthy, Dwight Macdonald; zu den ›rechten‹, abweichlerischen ›Anhängern von Lovestone‹ gehörten so fähige Wissenschaftler und Denker wie Bertram Wolfe und Will Herberg; und unter den Philosophen außerhalb der kommunistischen Herde

befand sich Sidney Hook. Die offiziellen Parteiorgane im Bereich der Literatur und der Gesellschaftswissenschaften bedienten sich hingegen der Dienste langweiliger und alles andere als origineller Köpfe. Jeder eigenständig denkende Mensch wurde vom Politbüro als potentieller Abweichler eliminiert. Das Politbüro hatte mit diesem Verdacht meistens recht. So kam es, daß die verschiedenen Spaltungen stets mit einer Ausschaltung der Intelligentesten verbunden waren. Die Inferiokraten kämpften um die Hegemonie über die Superiokraten.[42]
Selbst der unverdrossene Theodore Dreiser wurde von den Kommunisten so lange mit Bedacht als unzuverlässig ausgeschlossen, bis er alt geworden und seine Kräfte erlahmt waren. Die Mittelmäßigen, von Eifersucht und Neid erfüllt, genossen es, als Ausgleich für ihre Unfähigkeit ihre bürokratische Macht zu gebrauchen. Ein Redakteur der Zeitschrift *New Masses* erinnert sich: »Nicht wenige fragten sich: Wenn sie solcher Grausamkeiten gegeneinander fähig waren, als sie nur eine Handvoll durch heilige Ideale gebundene Menschen waren, was hätten sie nicht alles getan, wären sie an der Macht gewesen?«[43]

Der Kommunismus als Mediokratie

Wo die Kommunisten herrschen, wie in der Sowjetunion, haben die Mittelmäßigen Zugang zu Macht und Einfluß. Zu den frühen Bolschewiken gehörten so überragende Männer wie Lenin und Bucharin, denen sich der intelligente Aristokrat Trotzki zugesellte. Das eigentliche Rückgrat der Partei bestand jedoch aus den Durchschnittsmenschen, vertreten durch Stalin, und den Regierungsbeamten und Bürokraten. Der bedeutendste sowjetische Soziologe, Andrej Amalrik, schrieb:

»Die seit Jahrzehnten vor sich gehende systematische Entfernung der unabhängigsten und aktivsten Mitglieder der Gesellschaft aus allen Lebensbereichen hat der Gesellschaft als Ganzes den Stempel grauer Eintönigkeit und Mittelmäßigkeit aufgedrückt — was sich notwendigerweise auch an der erneut entstehenden ›Mittelklasse‹ zeigen muß.
Als Masse gesehen ist diese Gruppe äußerst mittelmäßig, denkt so ›verbürokratisiert‹, und ihr intellektuell unabhängigster Teil ist ausgesprochen passiv . . .«

Er schreibt weiter: »Bei näherer Betrachtung erweist sich, daß dem angeblichen Streben nach ›Gerechtigkeit‹ der Wunsch zugrunde liegt, ›niemand soll es besser gehen als mir‹. Diese Vorstellung wird durch den Haß auf alles Außerordentliche motiviert.«[44] »Das Monopol von Partei und Staat in jedem Bereich der Gesellschaft«, so schreibt Sacharow, »erfordert, daß die Leute scheinheilig, opportunistisch und mittelmäßig werden . . .«[45]
Es mag sein, daß die Sozialstruktur den Charakter formt, aber in einem noch tieferen Sinne bestimmt der Charakter die Sozialstruktur. Der einfache Apparatschik genießt die Gelegenheit, die ihm die sozialistische Planwirtschaft bietet, diejenigen zu demütigen, deren Fähigkeiten seinen Neid hervorrufen. Der Dichter Andrej Wosnessenskij wurde von dem Herausgeber der *Prawda* mit der Drohung tyrannisiert, er würde zu »Staub zermahlen«, wenn er die offiziellen Lügen nicht stillschweigend dulde.[46] Als der berühmte Spezialist der Vererbungslehre, Nikolaj Wawilow, im Laufe von 11 Monaten hundertmal verhört wurde, um seinen Geist als Vorbereitung auf seinen späteren physischen Tod in einem Arbeitslager zu brechen, war es ein neidischer und erfolgloser Assistent namens Schudenko, der die Untersuchung leitete. Die nach oben hin mobilen, nur durchschnittlich begabten graduierten Studenten stellten fest, daß der Staat ihre Mittelmäßigkeit schätzte, wenn sie die Denunziation fähigerer Männer

vorantrieben. Damit war die Bahn, wie der sowjetische Historiker und Biologe Shores Medwedew schrieb, »für eine große Zahl von Leuten frei, die nicht dazu in der Lage sind, echte und ernsthafte schöpferische Arbeit zu leisten . . . und die ein persönliches Interesse an der Fortsetzung der Verfolgung von Genetik und Biologie haben, um wissenschaftliche Auszeichnungen und Positionen zu erhalten.«[47]
Im Bereich der Physik verhängte eine unwissende, neidische Parteibürokratie mit Unterstützung einer ›Jury‹ aus Arbeitern einer Maschinenfabrik Strafen über so brillante graduierte Studenten wie Lew Landau und George Gamow, weil sie Einsteins Relativitätstheorie akzeptierten.[48] Und bei dieser mediokratischen Feindseligkeit wäre es in der Sowjetunion geblieben, hätte es nicht die Macht des unverändert bestehenden freien Marktes für Ideen im internationalen Bereich gegeben. Als die Vereinigten Staaten die Atomenergie entwickelten, mußten die sowjetischen Bürokraten ihre Abneigung gegen die Relativitätstheorie herunterschlucken und es ihren Physikern gestatten, ihren eigenen Weg zu gehen. Wie wäre es der Freiheit der Wissenschaft jedoch ergangen, wäre der internationale freie Markt für Ideen zerstört worden? Den Wissenschaftlern wäre dann dasselbe widerfahren wie Alexander Solschenizyn vom Moskauer Schriftstellerverband, dessen literarische Bürokraten die Veröffentlichung seiner Romane verboten, ihn mit einem Sperrfeuer propagandistischer Lügen umgaben und der guten alten Zeit, d. h. der stalinistischen Ära, nachtrauerten, wo man ihn einfach zur Zwangsarbeit, zum Kerker oder zum Tode verurteilt hätte. Zur gleichen Zeit, wie das sowjetische Regime eine ›Kollektivierung der Landwirtschaft‹ durchsetzte, indem es den freien Markt für landwirtschaftliche Erzeugnisse zerstörte und die tüchtigeren Bauern, die ›Kulaken‹, liquidierte, führte es in ähnlicher Weise auch im geistigen Be-

reich das durch, was man am besten die ›Kollektivierung des Denkens‹ nennen könnte. Praktisches Ergebnis dieser Kollektivierung war die Hegemonie der Mediokraten in jedem geistigen Bereich. An den Universitäten, so berichtet Solschenizyn, brauchte ein Student eine Lehrkraft nur zu denunzieren, weil sie Stalin nicht zitierte, »damit diese Lehrkraft nie mehr zu einer Vorlesung erschien«.[49]
Kurz nach Stalins Tod wagte ein sowjetischer Kritiker, V. Pomeranzew, den ›kollektiven‹ Druck, den der Schriftstellerverband und die Verlage ausübten, zu beschreiben, indem er sagte, das Ergebnis sei Unaufrichtigkeit: »Ich habe erfahren, daß Shakespeare gar keiner Gewerkschaft angehörte, und trotzdem war er kein schlechter Schriftsteller.« Man kann sich vorstellen, wie ein Ausschuß von Mediokraten, dem sozialistischen Realismus oder seinem Gegenstück im elisabethanischen Zeitalter treu ergeben, mit Hamlets Monolog verfahren wäre: Genosse Shakespeare, so hätte es geheißen, das ist alles viel zu negativ, zu pessimistisch. Sie versäumen es, die positive Rolle des kommenden Bürgertums aufzuzeigen, das die Produktivkräfte entfalten und den feudalen Pessimismus besiegen wird. Sich mit dem Leben nach dem Tode zu beschäftigen, ist metaphysischer Idealismus, den die künftige Ausweitung von Handel und Industrie überwinden wird. »Sich wappnend gegen eine See von Plagen« sollte als Aufruf zur Revolution umgeschrieben werden, und die Frage lautet nicht ›Sein oder Nichtsein?‹, sondern vielmehr ›von den Massen entfremdet und entfernt oder eins mit ihnen sein‹; Schluß mit diesem protobourgeoisen Individualismus!
Es gehört zu den Merkwürdigkeiten der Ideengeschichte, daß Männer wie Marx und Shaw sich auf die Seite der Bewegung für die Kollektivierung stellten, denn keiner von beiden hätte auch nur den geringsten Versuch eines Eingriffs in seinen persönlichen Freiraum geduldet. Marx

hielt sich bewußt von Sitzungen und Demonstrationen fern und war auf seine isolierte Position außerhalb jeder Partei stolz. Shaw zog sich nach Ayot St. Lawrence, seinem Landsitz, zurück. Marx mag das Zusammenleben in einem genossenschaftlichen Zusammenschluß empfohlen haben, aber er selbst hätte es dort wahrscheinlich nicht länger als eine Woche ausgehalten — unabhängig davon, ob es sich um einen israelischen Kibbuz, eine jugoslawische oder chinesische Kommune gehandelt hätte. Er kannte die Freuden des entfremdeten Lebens in einer konkurrierenden kapitalistischen Gesellschaft, zu denen als keineswegs geringstes Vergnügen die Freiheit gehört, über sie herzuziehen, und alle diese Freuden wären ihm im Kommunismus versagt geblieben.

Kommentar zu ›Einige irrationale Quellen der Opposition gegen die marktwirtschaftliche Ordnung‹

Dale Vree

Es ist mir eine ganz besondere Freude, mich zu dem Vortrag von Professor Lewis Feuer zu äußern. Es kommt mir so vor, als habe ich Professor Feuer über viele Jahre verfolgt, wie auch er mich verfolgt hat. Wahrscheinlich ist es kein besonderes Geheimnis, daß die ›Free Speech Movement‹ in Berkeley 1964 zu den dramatischsten Ereignissen in Professor Feuers Leben gehört. Dieses Phänomen rief offensichtlich leidenschaftliche Gefühle in ihm wach und ›inspirierte‹ ihn — wenn ich mich so ausdrücken darf — zu einem großen Teil seiner außerordentlichen wissenschaftlichen Arbeiten der letzten Jahre.

Sicherlich war die ›Free Speech Movement‹ (FSM) auch in meinem Leben eines der dramatischsten Vorkommnisse. Ebenso wie Professor Feuer erlebte ich die FSM unmittelbar. Während er jedoch ein Kritiker und konsequenter Gegner der FSM war, nahm ich begeistert daran teil, ja ich gehörte zu den etwa 800 Personen, die im Zusammenhang mit der Besetzung der Sproul Hall verhaftet wurden. Damals hatten wir den Eindruck, daß Professor Feuer uns zutiefst haßte (wenn ich auch nicht sicher weiß, ob dem so war), und wir unsererseits haßten ihn ebenso — nicht nur als Geste der Erwiderung, sondern vor allem, weil er einst ein Radikaler gewesen und deswegen in unseren Augen ein Abtrünniger war.

Ich habe keinen Grund zu der Annahme, daß Professor Feuer seine Meinung von uns in den darauffolgenden Jahren grundlegend geändert hat. Umgekehrt habe ich auch keinen Grund zu der Annahme, daß die dem Erbe der FSM treu Gebliebenen ihre Meinung von ihm wesentlich änderten. Was mich betrifft, so habe ich jedoch meine Meinung über die FSM geändert, und zwar in einem solchen Ausmaß, daß ich dieser Bewegung jetzt wahrscheinlich genauso kritisch gegenüberstehe wie Professor Feuer, wenn auch nicht durchweg aus den gleichen Gründen.[1]
Im Laufe der Zeit habe ich nolens volens auch meine Meinung über Professor Feuer geändert. Und eben weil ich jetzt einen gesunden Respekt vor seinen Auffassungen hege, freue ich mich besonders über diese Gelegenheit, mich zu seinen Ausführungen äußern zu können.
Ich werde dies auf zweierlei Weise tun. Erstens werde ich meine eigene Person — d.h. genaugenommen mich, wie ich etwa in den Jahren 1964/65 war — als Beispiel für jemanden darstellen, der als sogenannter ›revolutionärer Student‹ von leidenschaftlichem Haß gegen die Marktwirtschaft erfüllt war; zweitens werde ich meine Kommentare aus der Sicht eines Menschen abgeben, dem es um das Wesen von Professor Feuers Wahrheitsansprüchen zu tun ist.
Professor Feuer beginnt seinen Aufsatz, indem er bei der menschlichen Natur zwischen affektiven und aggressiven Trieben unterscheidet. Er sagt:

»Während die weitverbreitete Kritik an der freien marktwirtschaftlichen Gesellschaft behauptet, von dem Wunsch geleitet zu sein, unterdrückte affektive Sehnsüchte zu befriedigen, beruht sie jedoch häufig auf anderen, ja kryptoaggressiven Trieben. Dem sozialistischen Reformer ist es möglicherweise weniger um den Sozialismus zu tun, als darum, mit aggressiven Impulsen den Kampf gegen das System voranzutreiben.«

Oder er hofft, wie Professor Feuer sagt, möglicherweise darauf, in einer Diktatur mit ihrer Geheimpolizei eine Rolle spielen und vor allem gegen die geistig Unabhängigen und Überlegenen Strafen verhängen zu können oder sich mit der Wirtschaftsplanung zu befassen, weil er im vorhinein oder stellvertretend die Zuteilung menschlicher Ressourcen genießt. Ich vermute, daß Feuer in diesem Punkt weitgehend recht hat. Zumindest was mich betrifft, hat er recht (wenn ich auch nicht ganz zu dem Eingeständnis bereit bin, ein inferiorer Intellektueller gewesen zu sein, von dem Wunsch getrieben, die mir Überlegenen zu bestrafen). Ich war weder ein hypersensitiver Utopist noch ein naiver Pazifist, noch ein Hippie im Anfangsstadium. Als Marxist-Leninist war ich mir durchaus bewußt, daß in der postkapitalistischen Gesellschaft Diktatur, Geheimpolizei, Zensur und eine durch Befehle von oben gesteuerte Wirtschaft und ähnliches eine entscheidende Rolle spielen würden. In der Tat stufte ich mich selbst als eine Art ›Neostalinisten‹ ein. Ausgenommen die Tragödie der großen Säuberungen und andere unnötige Verfolgungen, störte das Erbe des Stalinismus und die Aussicht auf das, was er möglicherweise für die Zukunft bringen würde, meinen Seelenfrieden nicht. Damit soll nicht gesagt sein, daß ich den ›affektiven‹ Reizen der kommunistischen Gesellschaft gleichgültig gegenüberstand; vielmehr war ich mir durchaus über die harten ›aggressiven‹ Maßnahmen im klaren, die zur Verwirklichung des Kommunismus ergriffen werden müßten. Ich würde sogar so weit gehen zu sagen, daß ich bei meiner propagandistischen Werbung für die kommunistische Sache bewußt verbale Täuschung betrieb — d.h., ich pflegte den Kapitalismus als nicht genügend ›affektiv‹ und nicht genügend auf die ›Freiheit des Einzelnen‹ bedacht zu verurteilen, während ich dabei wohl wußte, daß eine sozialistische Diktatur sehr viel weniger ›affektiv‹ und sehr viel weniger auf die

›Freiheit des Einzelnen‹ bedacht sein würde als der von mir verurteilte Kapitalismus. Ich meine, mir auch darüber im klaren gewesen zu sein, daß die ›aggressiven‹ Aspekte des Kommunismus eine unmittelbarere Anziehungskraft auf mich ausübten als die eher theoretischen ›affektiven‹. Im Sommer 1964 hatte ich die Sowjetunion, Polen, die Tschechoslowakei und Ostdeutschland besucht. Was mich in diesen Gesellschaften am meisten ansprach, waren nicht die Anzeichen von Kameradschaftlichkeit, gutem Willen, gemeinschaftlichem Bemühen und Kreativität — von den angeblichen materiellen Segnungen einer verstaatlichten Wirtschaft ganz zu schweigen —, sondern vielmehr die Lebens*qualität,* worunter ich Kargheit, Ernst, strenge Reglementierung, den Geist der Askese, das Bewußtsein eines Ziels, Kampf und eine militante Haltung verstehe.
1966 hatte ich Gelegenheit, nach Ostdeutschland zurückzukehren — dieses Mal für viereinhalb Monate. Im Laufe dieser Monate machte ich einen Ernüchterungsprozeß durch — wenn auch nicht aus den üblichen Gründen. Daß das sozialistische Deutschland nicht so ›affektiv‹ war, wie ich es erwartet hatte, war eine vergleichsweise unwichtige Quelle der Irritation. Ich war damals — wie heute — der Meinung, daß Lebensrhythmus und -stil in Ostdeutschland in vieler Hinsicht ansprechender sind als beispielsweise in Westdeutschland. Wahrscheinlich ist das Leben in Osteuropa, allgemein gesehen, ›affektiver‹ — d. h. langsamer, unkomplizierter, weniger hektisch. Daß das ostdeutsche Regime mit Andersdenkenden nicht so ›affektiv‹ verfuhr wie Westdeutschland, störte mich nicht allzusehr. Wirklich irritierte mich jedoch, daß Ostdeutschland sich allmählich zu ›verbürgerlichen‹ schien, was für mich hieß, daß es ›verweichlichte‹. Der Kampf für den Sozialismus hatte keine belebende Wirkung auf die Menschen (was ja auch nicht allzu überraschend ist); was jedoch wirklich

überraschte, war, daß er auch auf viele Parteimitglieder keine anspornende Wirkung zu haben schien. Jeder war an materiellen Gütern, privaten Hobbys und einem ›guten Leben‹ interessiert. Der internationale Kampf für den Sozialismus war wesentlich weniger interessant. Wenn ich mich der Ausdrucksweise von Professor Feuer bedienen darf, so ›projizierten‹ die Menschen ihre ›aggressiven Impulse‹ nicht. In gewisser Weise war das Leben also *zu* ›affektiv‹, um nach meinem Geschmack zu sein.
Dies vorausgeschickt, wird man verstehen, daß mich Professor Feuers Bemerkung: »... als irrational ist also eine Quelle der Ablehnung des freien Marktes anzusehen, die auf weitgehend unterdrückten oder unbewußten Gefühlen beruht, die den bewußten Wertvorstellungen des Betreffenden zuwiderlaufen« ein wenig erstaunt. Ich meine ganz im Gegenteil, daß es sich bei meinen Gefühlen damals um offen eingestandene und nicht um ›weitgehend unterdrückte und unbewußte‹ Gefühle handelte (womit natürlich über die Motivationen anderer Leute nichts ausgesagt ist).

Rationale Feindseligkeit gegenüber dem Markt

Professor Feuer zufolge ließe sich eine rationale Opposition gegen den freien Markt am Beispiel eines ›Arbeitslosen des Jahres 1932‹ veranschaulichen. Dieser Umstand ist in der Tat nur schwer nachzuvollziehen. Ich kann folglich nicht behaupten, meine Opposition gegen den freien Markt sei in einer Weise rational gewesen, die Feuer akzeptieren würde. Andererseits war meine Opposition auch nicht irrational, zumindest nicht aus der Sicht von Professor Feuer. Ich gab meiner Opposition nicht durch den Begriff ›Entfremdung‹ Ausdruck. Natürlich hatte ich als

Student in den ersten Semestern Marxens Frühschriften, Erich Fromm und Herbert Marcuse gelesen, aber ich muß gestehen, daß mich der Begriff der Entfremdung nie wirklich packte. Obwohl ich an der ›Multiversität‹ studierte, fühlte ich mich in dieser Umwelt nie entfremdet. Ich hatte nie den Eindruck, der Technik oder der industriellen oder bürokratischen Gesellschaft entfremdet zu sein. Ich hatte zu keiner Zeit das Gefühl einer vollkommenen Normen- oder Richtungslosigkeit. Die Atombombe stellte für mich kein Trauma dar. Wenn ich mich überhaupt entfremdet fühlte, so wegen des pausenlosen Geredes meiner Kommilitonen über Entfremdung. Es ärgerte mich, daß sie für sexuelle Perversionen, Obszönität, Drogen und Musik sehr viel stärkeres Interesse zu zeigen schienen als für die Emanzipation der Arbeiterklasse. Es schien mir, daß ihre Hauptsorgen — die Erfüllung der eigenen Wünsche, die Profilierung ihres Ichs und Befreiung von persönlichen psychologischen Ängsten — von Grund auf egoistisch waren. Die Studentenbewegung schien eher ein Spiegelbild der Gesellschaft um sie herum als eine tragfähige Alternative zu sein. Offen gestanden waren es vor allem das lächerliche Gehabe und der offensichtlich krankhafte Zustand der Studentenbewegung, die meine Frau und mich zu dem Entschluß veranlaßten, nach Ostdeutschland zu entweichen.

Professor Feuer meint, die zeitgenössischen Kritiker des freien Marktes, die über Entfremdung klagen, seien von ›dialektischen Persönlichkeiten‹ besessen. Ich weiß nicht genau, ob ich die entsprechenden Voraussetzungen erfüllt hätte oder nicht, denn die dialektische Persönlichkeit weist ausnahmslos eine »starke sadistische Komponente auf, die in einer merkwürdig schillernden Beziehung zu einer ebenfalls vorhandenen Komponente der Opferbereitschaft« steht. Gegen eine Charakterisierung meiner Person vor zehn Jahren als ›sadistisch‹ würde ich sicherlich Einspruch erheben. Professor Feuer zufolge ist die dialektische Persönlichkeit jedoch auch von einem »zwanghaften Geist des Widerspruchs« getrieben. Ich möchte mich in keiner Weise als irgendwelchen Zwängen unterliegend ansehen, das Etikett ›Widerspruchsgeist‹ oder ›Unabhängigkeit‹ würde ich jedoch akzeptieren. Wenn ich mich im Rahmen der gegenwärtigen Auseinandersetzung damit einverstanden erklären kann, eine ›dialektische Persönlichkeit‹ gewesen zu sein, so erstaunt mich doch Professor Feuers Behauptung, damit seien unbewußte Gefühle des Grolls gegen den eigenen Vater verbunden, die wiederum in den Kampf gegen das marktwirtschaftliche System projiziert würden. Hier haben wir es natürlich wieder einmal mit dem vertrauten ödipalen Thema zu tun, für das Feuer berühmt geworden ist. Warum, so frage ich mich, verspürte ich gegen meinen Vater keinen Groll? War irgend etwas mit mir nicht in Ordnung? Es erfüllt mich mit einiger Verlegenheit, zuzugeben, daß ich meinen Vater stets geliebt und geschätzt habe. Genaugenommen war es sein deutlich spürbarer Einfluß, der mich — mehr als alles andere — gegen die marktwirtschaftliche Ordnung Position beziehen ließ. Mein Vater, der Sohn eines eingewanderten Monteurs und Metallarbeiters, pflanzte mir ein Gefuhl der Wertschätzung für den einfachen Mann, seine Kultur und seine Gewerkschaften und ein Gefühl der Feindseligkeit gegen die ›großen Bosse‹ — d.h. die Reichen und die Mächtigen — ein. Dieser Einfluß hatte nichts mit Intellektualität zu tun. Mein Vater, der kein College besucht hatte und nicht einmal das Abschlußzeugnis einer normalen High School besaß, ging zuletzt auf eine Handelsschule. Er hatte Marx nie gelesen und auch nicht den Schatten einer Ahnung von Marxismus oder sonst einer esoterischen Theorie. Ich bin ganz sicher, daß er von Herbert Marcuse oder Erich Fromm nie etwas gehört hatte.

Professor Fromm zufolge ist ein ›entscheidendes Element‹ in der Anklage der dialektischen Persönlichkeit gegen die marktwirtschaftliche Ordnung eine feindselige Haltung gegenüber Zahlen, Arithmetik und Quantifizierung — eine Feindseligkeit, die für ›literarische Intellektuelle‹ typisch sei. Mein Vater war kein literarischer Intellektueller. Er besaß in der Tat eine besondere Begabung für Zahlen, mit denen er bei seiner Arbeit als Zeichner ständig umging. Was mich betrifft, so hatte auch ich nie etwas gegen Zahlen einzuwenden. Meine Eignungstests zeigten stets eine größere Leichtigkeit im Umgang mit mathematischen als mit literarischen Dingen.
Sofern es in meiner Familie überhaupt ›literarische Intellektuelle‹ gab, wäre die einzige mögliche Kandidatin meine Mutter — die Tochter eines Anstreichers und Tapezierers —, die es durch unermüdlichen Fleiß und Zielstrebigkeit dazu gebracht hatte, an einem städtischen College in Südkalifornien Musiklehrerin zu werden. Von ihr habe ich jedoch ganz sicher keine marktfeindliche Haltung mit auf den Weg bekommen. Sie hat sich nie gegen die ›großen Bosse‹ und noch weniger gegen das kapitalistische System geäußert.

Entfremdung und der studentische Radikalismus

Ich würde Feuer darin zustimmen, daß die marktfeindliche Haltung der Studenten in den 60er Jahren eher auf einer gemutmaßten ›Entfremdung‹ und weniger auf der konkreten Erfahrung von Ausbeutung oder wirtschaftlicher Ungerechtigkeit beruhte. Dies war mir damals schmerzlich klar.
Im Laufe der Jahre habe ich eingehend darüber nachgedacht, warum ich zu meinen angeblich entfremdeten Al-

tersgenossen keinen Kontakt herstellen konnte — ja, ihnen gegenüber besondere Abneigung empfand. Das vorläufige Ergebnis dieses meines Nachdenkens ist, daß meine Kommilitonen aus grundlegend anderen Familienverhältnissen stammten. Die Mehrzahl stand den Lebenserfahrungen der einfachen Leute weitgehend fremd gegenüber bzw. hatte nur selten das Gefühl einer natürlichen Verbundenheit zu diesem Bereich. Die meisten von ihnen, so vermute ich, wurden sehr frei erzogen und waren an die ›unmittelbare Erfüllung ihrer persönlichen Wünsche‹ gewöhnt. Meine Erziehung war nicht sehr frei, ich hatte auch keine allzu großen Probleme, auf die Erfüllung meiner persönlichen Wünsche warten zu lernen. Die Hindernisse und Schwierigkeiten, die an der Universität und in der industriellen Gesellschaft insgesamt auf einen zukommen würden, erschienen mir natürlich und vorhersehbar zu sein, während sie meinen Altersgenossen offenbar unerträglich vorkamen.

Meinem Eindruck zufolge wurden die meisten meiner Altersgenossen in Familien der oberen Mittelklasse erzogen, wo ihnen liberale politische Werte, die in dem unbedingten Gebot der Toleranz wurzelten, beigebracht wurden. Bei mir zu Hause wurden diese Werte *nicht* gelehrt. Den einzigen politischen Wert, den man mich lehrte, könnte man *Ressentiment* nennen, d.h. eine feindliche Haltung gegenüber den privilegierten Eliten, die ich von meinem Vater übernahm. Die Werte, die meine Altersgenossen offensichtlich zu Hause vermittelt bekamen, wurden mir *nicht* beigebracht: die Sorge um den Weltfrieden, Mitgefühl für rassische Minderheiten, Achtung vor den bürgerlichen Freiheiten von Andersdenkenden und Abweichlern. Und obwohl ich die Dekadenz und die Privilegien der Reichen hassen lernte, wurde mir nie Abscheu vor Wettbewerb, Geld, Zahlen usw. eingepflanzt. Man brachte mir nicht einmal bei, den Kapitalismus zu hassen. Dieses Ge-

fühl erwarb ich mir selbst, als eine Art Schlußfolgerung und logische Weiterführung meiner Antipathie gegen die Reichen. Die Meilensteine auf meinem Weg zu einer antikapitalistischen Haltung waren jedoch nicht die Schriften von Fromm, Marcuse oder Goodman. In den Sozialismus wurde ich durch die Veröffentlichungen der Sozialistischen Partei und der Sozialistischen Arbeiterpartei eingeführt, wobei allerdings Paul Sweeneys unabhängige marxistische Zeitschrift *Monthly Review* den stärksten Einfluß auf mein Denken ausübte. Alle diese Einflüsse sind, wie man bemerken wird, der alten Linken zuzuordnen.
Zwar möchte ich Feuers Betonung des Ödipuskomplexes und der ›Kluft zwischen den Generationen‹ nicht als Irrtum bezeichnen, zum Verständnis meiner eigenen Erfahrungen trägt sie jedoch nicht bei. Mein eigener Vater hatte eine gemäßigte ›gewerkschaftliche‹ Haltung, während ich ein revolutionärer Kommunist wurde. Gewiß, ich bin nicht in jeder Hinsicht das getreue Abbild meines Vaters. Trotzdem handelte ich meinem *Selbstverständnis* zufolge aus Verbundenheit zu den Wertvorstellungen meines Vaters. So wie ich es sah, stimmte mein Handeln mit meiner Erziehung überein und widersprach ihr nicht. Zudem kann ich beim besten Willen keinerlei ödipale Probleme bei mir feststellen. Daraufhin könnte Professor Feuer möglicherweise erwidern, daß ich mich selbst nicht kenne. Sollte dem so sein, ist es ganz sicher an ihm, dies zu beweisen.
Ebenso vermute ich, daß auch die meisten meiner Kommilitonen ihrem *Selbstverständnis* nach aus Verbundenheit zu den Werten ihrer Eltern handelten. (Ob sie alle ödipale Probleme hatten oder nicht, entzieht sich meiner Kenntnis.) Auf der Grundlage meiner wenigen Freunde aus dieser Zeit möchte ich keine verallgemeinernden Aussagen über alle Studenten machen, aber darauf hinweisen, daß nicht einer meiner Freunde sich je dahingehend geäußert

hat, hoffnungslos repressive oder reaktionäre Eltern zu haben. Alles in allem muß ich sagen, daß diejenigen Gesellschaftswissenschaftler und politischen Analytiker, die die zwischen den Generationen bestehende *Kontinuität* zwischen Eltern und Kindern im Rahmen einer bestimmten ›Klassenkultur‹ betonen — wie Richard Flacks, Kenneth Keniston, Peter Berger, Robert Coles, Seymour Martin Lipset, Daniel Moynihan, Edward Banfield und Midge Decter —, mir sehr viel einleuchtender erscheinen als die Vertreter der These vom Ödipuskomplex.

Die Grenzen der Psychoanalyse

Noch etwas an Professor Feuers Verwendung psychoanalytischer Methoden stört mich, und zwar ist es die Leichtigkeit, mit der diese Methoden als ideologische Knüppel benutzt werden können. Psychoanalytikern und Psychologen, die sich anmaßen, ihre Patienten aus der Ferne, d.h. in einem nichtklinischen Umfeld, zu analysieren, stehe ich mit einer gewissen Skepsis gegenüber. 1964 gab es viele, die mit großem Eifer bescheinigten, Barry Goldwater sei verrückt (obwohl sie den Mann nie getroffen hatten). Whittaker Chambers, Richard Nixon, Woodrow Wilson und andere sahen sich ähnlichen Vorwürfen ausgesetzt. Diese Dinge haben, so fürchte ich, bisweilen den gleichen Nutzen wie die von einigen Theologen als ›Beweis‹ für die Existenz Gottes vorgebrachten Argumente: Sie überzeugen nur diejenigen, die bereits überzeugt sind. Ohne Zweifel können psychoanalytische Methoden, werden sie in einer klinischen Umgebung angewandt, die unbewußten Motivationen einzelner Menschen offenlegen. In einem nichtklinischen Umfeld sind psychoanalytische Versuche, das Verhalten eines Menschen zu erklären, jedoch mit wesentlich größeren Risiken verbunden. Dies gilt vor allem dann, wenn die psychoanalytischen Methoden (außerklinisch) auf Massenphänomene angewandt werden. Diese Methoden haben dann die Tendenz, in einem so hohen Maße spekulativ zu sein, daß ihnen bisweilen eine Aura von Unwiderlegbarkeit anhaftet. Da sie sich mit den *unbewußten Motivationen* einer Vielzahl anonymer Menschen befassen, fragt man sich mit einer gewissen Besorgnis, inwieweit Beweise für das *offen* zutage liegende Verhalten und die *klar zum Ausdruck* gebrachten Motivationen als Gegenbeweis oder Widerlegung zugelassen werden.

Ich werfe diese Frage nicht auf, weil ich unbedingt widersprechen oder die neue Linke verteidigen möchte. Ich hege durchaus freundliche Absichten. Ich leugne nicht, daß psychoanalytische Denkansätze interessante Hypothesen ergeben. Ich bin selber nicht abgeneigt, Spekulationen über die Motive verschiedener Gruppen von Menschen anzustellen, wenn ich auch nachdrücklich darauf bestehen würde, daß Spekulationen nicht als ›Erklärungen‹ ausgegeben werden. Hin und wieder bin ich sogar bereit, meine methodologischen Hemmungen abzuschütteln und meinen politischen Vorurteilen freien Lauf zu lassen, um mich daran zu erfreuen, wie eine Sache im guten alten Stil ihres Nimbus beraubt wird. Begeben wir uns jedoch daran, die irrationalen Quellen der Marktfeindlichkeit aus rationaler Sicht zu erforschen, sind wir dazu verpflichtet, sicherzustellen, daß wir uns bei der Behandlung des Problems nicht gedankenlos auf fragwürdige Untersuchungsmethoden einlassen.

An dieser Stelle mag es angebracht erscheinen, unser Augenmerk vor allem darauf zu richten, wie Professor Feuer die Begriffe ›rational‹ und ›irrational‹ verwendet. Er erkennt an, daß es sowohl rationale wie irrationale Quellen der Opposition gegen die marktwirtschaftliche Ordnung gibt. Seiner Auffassung nach scheinen die rationalen Motivationen *wirtschaftlicher* Natur zu sein. Bewiese jemand, daß der Kapitalismus wirtschaftlich ineffizient ist oder das wirtschaftliche Wohlergehen vieler Menschen zerstört, so würde er vermutlich sagen, der Betreffende habe rationale Gründe für seine Ablehnung des Kapitalismus. Was die irrationalen Motivationen angeht, so hat Feuer uns eine beeindruckend lange Liste solcher Beweggründe vorgelegt. Ich verstehe allerdings nicht, wie sie *alle* unter dem Oberbegriff ›irrational‹ zusammengefaßt werden können, vor allem angesichts der Tatsache, daß Feuer gelegentlich den Ausdruck ›neurotisch‹ gebraucht, ganz so, als wolle er damit sagen, jemand, der irrational sei, könne ebensogut neurotisch sein. Unabhängig von dem spezifischen Zusammenhang, den Feuer zwischen Neurosen und Irrationalität herstellt, kann es keinen Zweifel daran geben, daß Irrationalität für ihn etwas Negatives ist. Feuer macht die eindeutig polemische Aussage, daß alle gegenwärtigen Formen der Ablehnung des marktwirtschaftlichen Systems angesichts des Nichtvorhandenseins überzeugender Gründe für eine solche Haltung unvernünftig sind.

Die irrationalen Motivationen, die Feuer nennt, sind jedoch nicht alle von derselben Art. Einige dieser Motivationen sind *unbewußt,* während andere durchaus *bewußt* sind. Ich bin der Auffassung, daß die *unbewußten* Motivationen (wie beispielsweise die Reaktion auf unbewußte aggressive Triebe, ödipale Probleme, kindliche Ängste vor Zahlen, Geld, Wettbewerb und ähnlichem) sich grundlegend von den *bewußten* Motivationen (wie beispielsweise der Überzeugung, der Kapitalismus fördere persönliche Ängste, den Haß auf andere Menschen, die Vergötterung von Geld und Erfolg, er zerstöre Autorität, Ordnung, Einfachheit usw.) unterscheiden. Zwar bestreite ich nicht, daß die unbewußten Motivationen in einem abschätzigen

Sinne irrational sind, aber es bereitet mir ein gewisses Unbehagen, wenn sie mit den bewußten Motivationen zusammen in eine Kategorie eingeordnet werden.

Fromm, Marcuse und der rationale Radikalismus

Wenn ich auch nicht den Wunsch habe, die von Erich Fromm und Herbert Marcuse formulierte Kritik am Kapitalismus zu verteidigen, gefällt es mir doch nicht, wie Feuer mit ihren Argumenten umgeht. Sie behaupten, der Kapitalismus mache die Menschen räuberisch, streitsüchtig, unsicher, habgierig usw. Ich verstehe nicht unbedingt, warum wir diese kritischen Äußerungen eilends mit dem Etikett ›irrational‹ versehen sollten. Diese Behauptungen müßten sich grundsätzlich empirisch überprüfen lassen. Anders gesagt, es müßte möglich sein, genügend Daten zu sammeln, die die Behauptung, die kapitalistische Umwelt ermutige die Menschen stärker als jedes andere Milieu dazu, räuberisch zu sein, entweder weitgehend bestätigen oder weitgehend widerlegen. Ich behaupte nicht, daß diese Behauptungen *bereits nachgeprüft worden sind* — nur, daß es grundsätzlich möglich wäre. Natürlich können sie auch widerlegt werden.

Seltsamerweise jedoch macht Feuer sich nicht einmal die Mühe, diese Behauptungen abzustreiten. Nein, er geht unmittelbar zu einem Angriff ad hominem über. Anstatt die *Argumente* von Fromm und Marcuse anzugreifen, greift er Fromm und Marcuse *selbst* an, indem er ihnen vorwirft, sie seien Träger der ›dialektischen Persönlichkeit‹. Selbst wenn ich wüßte, daß Fromm und Marcuse total verrückt sind, würde eine Aussage dieser Art *nicht genügen,* um ihre Argumente zu entkräften.

Setzt sich Feuer schließlich doch mit ihren Argumenten

auseinander, so stellt er mich immer noch nicht voll und ganz zufrieden. Er äußert sich zu Marcuses Behauptung, der Kapitalismus schließe seiner Natur nach eine Lösung ökologischer Probleme aus. Wie Professor Feuer sagt, bestimmten »irrationale, nichtlogische, nichtwissenschaftliche Faktoren« Marcuses Standpunkt, weil dieser so versäumt, sich »die Frage zu stellen: Wie erging es der natürlichen Umwelt eigentlich in der sozialistischen Planwirtschaft in der Sowjetunion?« Marcuse mag zwar eine Art Sozialist sein, aber er ist ganz sicher kein Vorkämpfer des Sozialismus sowjetischen Stils. Professor Feuer muß doch wissen, daß man ein Antikapitalist sein kann, ohne deswegen ein Apologet der Sowjetunion zu sein, und daß Marcuse selbst ein scharfer Kritiker des sowjetischen Sozialismus ist.

Leider setzt sich Professor Feuer mit den anderen von Marcuse vorgebrachten Argumenten nicht weiter auseinander. Er schreitet einfach zu einer Anklage Marcuses selbst, weil dieser sich einer Ausdrucksweise bedient und Begriffe verwendet, die angeblich unbewußte ödipale Spannungen auslösen.

Professor Feuer zitiert Fromms Kritik, der zufolge der Kapitalismus die Menschen dazu ermutige, Geld, Eigentum, Gegenstände usw. zu vergöttern. Wie Professor Feuer meint, ist Fromm eher »mit einer emotionalen Projektion als mit einer rationalen Analyse« befaßt. Für mich enthält Fromms Kritik eine durchaus ›rationale‹ Komponente: das heißt, es scheint mir möglich zu sein, seine Behauptungen in bezug auf das, was der Kapitalismus mit den Menschen macht, einer empirischen Überprüfung zu unterziehen.

Wenn wir im Rahmen dieser Diskussion Fromm darin zustimmen können, daß der Kapitalismus bestimmte Dinge mit den Menschen macht, sehen wir uns vor eine Frage der persönlichen Beurteilung und Bewertung gestellt, nämlich: Sind diese Dinge schlecht? Und selbst wenn sie es sind, überwiegen sie all die guten Dinge, die der Kapitalismus für die Menschen tut?

Hier, an dieser Stelle, beginnt es wirklich irrational zu werden — was ich jedoch nicht in abwertendem Sinne meine. Wir befinden uns hier im Reich der Werturteile. Da Werturteile letztlich mit Erkenntnis nichts zu tun haben — sie stellen Aussagen über Einstellungen, Neigungen, Fragen des Geschmacks und religiöse Überzeugungen dar —, sind sie insoweit irrational oder unüberprüfbar. Das heißt nicht, daß wir keine *Gründe* nennen können, warum uns bestimmte Werte am liebsten sind. Es heißt einfach, daß unseren Werturteilen normalerweise eine unaufhebbare, nichtkognitive Dimension eignet. Wir sind jedoch alle gezwungen, von Zeit zu Zeit Werturteile dieser Art zu treffen, und deswegen bin ich über die pejorative Bedeutung, die Feuer dem Begriff ›irrational‹ stets unterlegt, nicht glücklich.

Was die marktwirtschaftliche Ordnung angeht, so vermute ich, daß viele ihrer *Kritiker* einräumen würden, daß sie den Menschen wunderbare wirtschaftliche Vorteile beschert, diese aber, wie sie argumentieren würden, das ganze seelische Trauma, das eine Wettbewerbsgesellschaft hervorruft, nicht lohnen. Diese Menschen messen dem, was ihrer Auffassung nach seelisches Wohlergehen bedeutet, mehr *Wert* bei als wirtschaftlichem Wohlergehen. Ich wüßte nicht, warum diese Leute nicht ein Recht auf ihre eigenen Werturteile haben sollten.

Andererseits vermute ich, daß von den *Verteidigern* des Kapitalismus viele einräumen würden, daß er bei manchen Menschen seelische Störungen hervorruft, wobei sie allerdings argumentieren würden, es lohne sich, diesen Preis für all die wirtschaftlichen Wohltaten, mit denen der Kapitalismus uns überschüttet, zu zahlen. Diese Menschen messen wirtschaftlicher Produktivität einen höheren *Wert* bei als einem gesteigerten Maß seelischen Wohlbefindens. Das, was hier bewertet wird, ist etwas ›Wirtschaftliches‹. Das bedeutet jedoch nicht, daß das in diesem Zusammenhang gefällte Urteil seiner Natur nach kein Werturteil mehr ist. Mir ist keine rationale Wertordnung bekannt, die uns *zwingend vorschreibt,* wirtschaftlichen Gütern einen höheren Wert beizumessen als allen anderen. Es gibt Menschen, die dem wirtschaftlichen Wohlbefinden den höchsten Wert beimessen; andere mögen wirtschaftliches Wohlbefinden für durchaus wertvoll halten, sind jedoch bereit, es für andere Güter zu opfern — sei es nationale Souveränität, Nächstenliebe, die Liebe zu Gott, körperliche Gesundheit oder was auch immer. Falls diese Menschen als irrational anzusehen sind, so sollten auch Leute, die dem wirtschaftlichen Wohlergehen den höchsten Wert beimessen, als irrational eingestuft werden. Gelten diejenigen, die dem wirtschaftlichen Wohlbefinden den höchsten Wert beimessen, als rational, so sollten auch diejenigen, die andere Güter am höchsten schätzen, als rational gelten. Ich bin mißtrauisch gegenüber den Marcuseschen neuen Linken, die behaupten, ›*wir* haben das wahre Bewußtsein, *ihr* hingegen habt das falsche Bewußtsein‹. Ich bin genauso mißtrauisch gegenüber denjenigen, die — wie Feuer es anscheinend tut — argumentieren, ›*meine* Werte sind rational, aber *deine* sind irrational‹.

Die Steuerung aggressiver Triebe

Denke ich an die Zeit zurück, in der ich ein antikapitalistischer Radikaler war, so kann ich mich nicht so recht als Opfer *unbewußter* irrationaler Triebe sehen. Wie bereits gesagt, war ich mir durchaus bewußt, aggressive Triebe zu projizieren. Ich war auf der Suche nach einem Leben voller Herausforderungen. Der Lebensstil der Reichen — ja das Ethos des Kapitalismus überhaupt — erschien mir entsetzlich hedonistisch und in schrecklicher Weise jeder Herausforderung ermangelnd. Es ist also nur natürlich, daß mir die Vorstellung, es in Wirtschaft und Industrie ›zu etwas zu bringen‹, nie zusagte, denn was würde ich mit all dem verdienten Geld anderes machen können, als es zur Befriedigung meiner frivolen Launen auszugeben? In diesem Bereich stellten sich keine Herausforderungen. (In der Regel arbeiten die Menschen nicht bis zur totalen Erschöpfung, um das mühsam verdiente Geld gleich darauf an eine wohltätige Einrichtung weiterzugeben.) Es könnte sein, daß man meine Suche nach einem Leben voller Herausforderungen als ›irrationale‹ Grundlage für eine feindselige Haltung gegenüber dem Kapitalismus bezeichnen möchte. Und doch war dies für mich absolut überzeugend — und ist es immer noch. Ich glaube, Professor Feuer wäre sogar imstande, mich in diesem Punkt zu verstehen. Denn der Mensch, wie er sagt, ist letztlich »ein Probleme suchendes Tier«. Professor Feuer hat das Problem unserer Tage genau getroffen: »Die überschüssigen aggressiven Energien, die sich in den Menschen angesammelt haben, verlangen nach äußeren Hindernissen, die es nicht gibt.«

Wie ich meine, ist die Notwendigkeit äußerer Hindernisse ebenso groß wie die Notwendigkeit wirtschaftlichen Wohlergehens — ja, die Notwendigkeit von Herausforderungen wächst in dem Maße, wie das wirtschaftliche Wohlergehen steigt (wobei wir in diesem Zusammenhang nicht vergessen sollten, daß das wirtschaftliche Wohlergehen sich heutzutage auch auf das Leben der arbeitenden Klasse wie auf das anderer Klassen auswirkt). Ich nahm unter anderem deshalb vom Kommunismus Abschied, weil mir in Ostdeutschland klar wurde, daß die Kommunisten darauf aus waren, den Lebensstil von Beverly Hills,

Hollywood und Scarsdale über die ganze Welt zu verbreiten. Reich zu werden — sei es kollektiv oder persönlich — hat für mich keinen Reiz.
Allgemeiner gesprochen ist es wahrscheinlich eine gute Sache für die Marktwirtschaft, daß wir von Zeit zu Zeit eine wirtschaftliche Flaute durchmachen. Diese Flauten befriedigen — wenn auch in nur geringem Maße — das Bedürfnis der Menschen nach Herausforderungen. Ohne Zweifel blüht und gedeiht die Bewegung ›Kein Wachstum / weniger ist besser‹ auf dem Bedürfnis der Menschen, sich eine Zukunft voller Herausforderungen vorzustellen. Gleiches ließe sich über die in jüngster Zeit festzustellende Vernarrtheit in die permanente Revolution nach chinesischem Muster wie auch über die Faszination sagen, die gegenwärtig das ›natürliche Leben‹ und das Abenteuer in der Wildnis besitzen. Ich persönlich fühle mich von diesen modischen Torheiten und Bewegungen nicht angezogen. Noch bin ich im Begriff, für eine wirtschaftliche Rezession zu plädieren. Ich möchte allerdings betonen, wie drängend das Problem der frustrierten aggressiven Triebe ist, auf das Professor Feuer in seinem Vortrag hinweist. Ich tendiere dazu, die kapitalistische Wohlstandsgesellschaft als Teil des Problems dieser frustrierten aggressiven Triebe und nicht als Teil der Lösung dieses Problems zu sehen. Meiner Überzeugung nach ist die einzig konstruktive, dauerhafte und letztlich befriedigende Antwort auf die Frage nach dem Jamesschen ›moralischen Gegenstück zum Krieg‹ in der traditionellen Religion zu finden. Da ich die Wahrheitsansprüche der Religion hier nicht näher erörtern kann, möchte ich mich mit der Feststellung begnügen, daß die Religion zu einem Leben der Selbstdisziplin und des unermüdlichen Kampfes aufruft, der bis zum Tode nichts von seiner Intensität verlieren darf. Im Gegensatz zu alternativen Lösungen lenkt die wahre Religion die Aggressionen des Einzelnen nicht gegen andere

Menschen, nicht gegen eine andere Nation, Rasse oder Klasse, sondern gegen Dimensionen des eigenen Ichs. So wird der christliche Mönch beispielsweise deswegen ›ein Streiter Christi‹ genannt, weil er in ständigem Kampf mit den Versuchungen seiner eigenen Seele — also mit sich selbst — liegt.

Abschließend möchte ich also hier die Verteidiger der marktwirtschaftlichen Ordnung dringend auffordern, in bezug auf die wirtschaftlichen und angeblich ›rationalen‹ Quellen ihrer Überzeugungen nicht allzu überheblich zu sein — denn, wie jemand einmal sagte: »Der Mensch lebt nicht vom Brot allein.«

Der Kapitalismus und seine Feinde

Stanley Rothman

In den 50er und zu Anfang der 60er Jahre hatte es eine Zeitlang den Anschein, als ob zumindest in den nichtkommunistischen Industrieländern ein neuer Konsensus erreicht worden wäre. Den einflußreichsten Intellektuellen in diesen Ländern schien der Marxismus als Ideologie relativ veraltet zu sein. Abgesehen davon hatte er überall dort, wo man ihn praktisch erprobte, zu relativ autoritären Regimen geführt. Während man andererseits auch den reinen Laissez-faire-Kapitalismus als veraltet ansah, erschienen das marktwirtschaftliche System und ein gewandelter Kapitalismus im Laufe der Zeit als mit vielen Vorzügen ausgestattet. Der liberale Kapitalismus hatte einen ständig steigenden Lebensstandard geschaffen und die Freiheit des Einzelnen bewahrt. Insgesamt war er in der Tat mit relativ humanen Gesellschaften verbunden gewesen.

Zu dieser Ansicht waren in den Vereinigten Staaten selbst viele Intellektuelle gelangt, die früher einmal sehr weit links gestanden hatten. Liberale und Radikale griffen zwar die ›Mißstände‹ des marktwirtschaftlichen Systems weiter an; einige von ihnen hofften zu einer bestimmten Zeit, daß Amerika sich schließlich zu einer sozialistischen Gesellschaft entwickeln würde, aber nur wenige hatten es damit sehr eilig. Wirklich radikale Angriffe auf das marktwirtschaftliche System waren selten und blieben weitgehend obskuren Zeitschriften mit relativ begrenzter Auflagenhöhe überlassen.

In Europa sah das Bild etwas anders aus. Sowohl in Frankreich wie in Italien spielten große kommunistische Parteien in der Politik weiterhin eine bedeutsame Rolle, und es gab eine beträchtliche Zahl Intellektueller, die nach wie vor Neomarxisten waren; die Kommunisten schienen jedoch ihren Schwung verloren zu haben, und die Intellektuellen standen ihnen weniger wohlwollend gegenüber als früher. Es entstand eine ganz neue Theorie, die den Marxismus als Produkt der Frühzeit der Industrialisierung verstand, als eine Ideologie, die die Spannungen des Übergangs zum Kapitalismus widerspiegelte. Die diese Theorie vertretenden Intellektuellen sagten voraus, die marxistische Ideologie werde in dem Maße weiter zerfallen, wie der Industrialismus in Europa fortschreite und die letzten Spuren des Traditionalismus beseitigt würden.

In dem von einer konservativen Regierung geleiteten England unterzog selbst die verhältnismäßig gemäßigte Labour-Partei ihre Doktrin einer gründlichen Überprüfung und distanzierte sich bis zu einem gewissen Grade von ihrem früheren Engagement für die Verstaatlichung. Fünf Jahre oder mehr im Amt hatten viele Parteiführer überzeugt, daß der volle Sozialismus vielleicht doch nicht die Antwort auf alle Probleme darstellte. Und in Deutschland vergrößerten die Christdemokraten ihren Stimmenanteil auf der Grundlage eines Programms für die ›freie Marktwirtschaft‹, während die Sozialdemokraten sich damit befaßten, einen großen Teil ihres marxistischen rhetorischen Ballasts über Bord zu werfen.

Selbst in der kommunistischen Welt entwickelten sich die Dinge in einer für die freien Märkte günstigen Weise. Die Entstalinisierung war im Gange, und einige sowjetische Ökonomen riefen dazu auf, den Marktkräften größere

Beachtung zu schenken. Gewiß, die Chinesen steckten noch mitten in einer ›radikalen‹ Phase, aber schließlich würden auch ihre militante Haltung und Rhetorik der Realität weichen — so glaubte man zumindest.

Nicht zuletzt schien sich der Westen im Besitz der Antworten auf die Probleme der weniger entwickelten Länder der Dritten Welt zu befinden. Die Verhältnisse dort waren komplizierter, denn diese Nationen schienen sich vielfach an radikale Programme der einen oder anderen Art gebunden zu haben; aber auch dies wurde als ein Übergangsproblem angesehen. Sofern die fortgeschrittenen Nationen (vor allem die Vereinigten Staaten) Entwicklungshilfe und Know-how lieferten, würde der Radikalismus angesichts eines steigenden Lebensstandards seine Anziehungskraft verlieren.

Wie anders das Bild, das die geistige und politische Landschaft heute bietet. In den späten 60er Jahren und bis in die 70er Jahre hinein wurde die Wirtschaft, wenn auch nicht der Kapitalismus per se, von den nationalen Medien und den *besseren* Universitäten immer schärfer angegriffen, vor allem von der Gruppe Intellektueller, aus denen die neue Linke bestand, aber auch von vielen Liberalen. Der Angriff hat zwar an Heftigkeit etwas verloren, aber das Vertrauen der Amerikaner in ihre Wirtschaftsordnung wurde ohne Zweifel nachhaltig untergraben. Zudem ist die Generation der 60er Jahre jetzt in die Massenmedien und die Universitäten eingetreten, die sich beide nach links bewegt haben. Vorlesungen mit radikalen Themen, von radikalen Professoren gehalten, gehören an den bedeutendsten Universitäten zu den beliebtesten Veranstaltungen. Eine radikale Denkweise ist eindeutig Mode, wenn nicht de rigueur.

Man muß sich vor Übertreibungen hüten. Das Leitmotiv der Elite-Massenmedien (die großen Fernsehstationen, die Wochenzeitschriften *Newsweek* und *Time*, die Tageszeitungen *The New York Times* und *The Washington Post*) ist ›reformistisch‹. Es ist jedoch kaum eine Frage, daß die Wirtschaft insgesamt ohne Sympathie und mit gesteigertem Argwohn betrachtet wird. Soweit man von einer institutionalisierten ›Gegenkultur‹ sprechen kann, wird die amerikanische Wirtschaftszivilisation so dargestellt, als habe sie eine halbverrückte Gesellschaft geschaffen und als gehe es ihr darum, die natürliche Umwelt zu zerstören. In Europa ist der Marxismus wieder populär. In der Tat beherrscht er trotz Rückschlägen in wachsendem Maße das Denken der intellektuellen Kreise. In Frankreich und Italien versuchen kommunistische Parteien ernsthaft, einen Teil der Regierungsverantwortung zu übernehmen, und in England und anderen westlichen Ländern hat die Nachfrage nach sozialen Leistungen und mehr Gleichheit eine der freien Marktwirtschaft — gelinde gesagt — feindliche Atmosphäre geschaffen. Relativ nüchterne Beobachter sprechen von der abnehmenden Dynamik der europäischen Eliten und beurteilen die Überlebenschancen selbst gemischtwirtschaftlicher Systeme nicht durchweg optimistisch.

Andererseits erscheinen die Sowjetunion und China, die durchaus mit eigenen Problemen zu kämpfen haben, als stabil und mächtig. In beiden Ländern gibt es kaum Anzeichen für eine Hinwendung zur Marktwirtschaft. Von einer Konvergenz der Sowjetunion und der Vereinigten Staaten in Richtung auf eine Art gemischtwirtschaftliches System (ein in den späten 50er Jahren und anfangs der 60er Jahre relativ häufig zu hörendes Argument) ist überhaupt nicht mehr die Rede. Und angesichts der Macht der neuen Generation von Computern spricht wenig dafür, daß die sowjetische Führung ihren Entscheidungsprozeß durch wesentliche Marktelemente anreichern wird. Die Entstalinisierung mag stattgefunden haben, aber die Grundstruktur des stalinistischen Staates wurde davon

kaum berührt, mit Ausnahme der Abschaffung von willkürlichem Terror und des Auftauchens einer kollektiven Führung an der Spitze.
Was ist geschehen? Radikale, Liberale und Konservative, einschließlich der Teilnehmer dieses Symposiums, haben sich in den vergangenen fünf Jahren diesen Fragen immer häufiger zugewandt. Ihre Antwort darauf fällt je nach ihren ideologischen Neigungen, ihren Fachgebieten und einer Vielzahl anderer Faktoren unterschiedlich aus. Im folgenden beabsichtige ich, mit einigen grundsätzlichen kritischen (bzw. warnenden) Bemerkungen zu beginnen, um dann die meiner Meinung nach wichtigsten Thesen der Beiträge zu diesem Symposium zusammenzufassen. Dieser Zusammenfassung werde ich einige weitere, teilweise kritische Bemerkungen folgen lassen und abschließend versuchen, aus meiner Sicht eine Synthese der Erkenntnisse der Autoren zu liefern (die Redner sind sich in der Tat über viele Punkte einig, und durch ihre Vorträge zieht sich ein klar erkennbarer roter Faden).

Märkte ohne Kapitalismus

Zunächst möchte ich einige Bedenken dagegen anmelden, daß die ›Feindseligkeit gegenüber den freien Märkten‹ im Zentrum dieses Symposiums steht. Es ist zumindest theoretisch denkbar (wenn auch kaum wahrscheinlich), daß eine sozialistische Gesellschaft sich in erheblichem Maße auf Marktmechanismen stützt, obwohl das Etikett ›sozialistisch‹ in einem solchen Falle von einigen in Frage gestellt würde. Die ideologische Auseinandersetzung unserer Tage findet im wesentlichen zwischen denjenigen statt, die an die Lebensfähigkeit eines wie auch immer gewandelten liberalen Kapitalismus glauben, und denjenigen, die an seine Stelle gerne den Sozialismus setzen möchten. Gewiß, der Ausdruck ›liberaler Kapitalismus‹ erweckt Assoziationen, die einige der Fragen eher verdekken, aber er hat den Vorzug, den historischen Bezugsrahmen zu umreißen. Ich werde die Begriffe ›liberaler Kapitalismus‹ und ›freie Märkte‹ auswechselbar verwenden, aber es ist wichtig, zu verstehen, welche Art von marktwirtschaftlichem System wir erörtern.

Zweitens leiden die Vorträge gelegentlich an dem, was ich für eine puristische Sicht der Dinge halte. Hier stimme ich mit Nathan Glazer überein. Es mag unfair sein, aber zuzeiten klingen die Professoren van den Haag, Feuer und Bauer beinahe so, als glaubten sie, jede Kritik am liberalen Kapitalismus sei Ausdruck einer ›marktfeindlichen‹ Haltung. Ich bezweifle, daß einer der Teilnehmer dieses Symposiums wirklich dieser Meinung ist, aber die polemische Stoßrichtung ihrer Beiträge könnte diesen Eindruck hinterlassen.

Es ist schließlich möglich, an eine Wirtschaft zu glauben, die wichtige Marktelemente beibehält, und gleichzeitig dafür zu plädieren, daß der Staat im Wirtschaftsprozeß sowohl in bezug auf die Steuerung des Marktes wie auf die Einkommensumverteilung eine wichtige Rolle spielt. Darauf ließe sich antworten, daß die in Schweden selbst von nichtsozialistischen Parteien akzeptierte Politik ihren Zweck verfehlt, aber ich halte es für falsch, die Befürworter dieser Politik mit Marxisten oder Maoisten unterschiedlichster Art oder verschiedenen Typen der neuen Linken in einen Topf zu werfen (sofern man nicht über ein entsprechend umfangreiches Beweismaterial verfügt). Man kann sich durchaus die Frage stellen, ob auf Sozialhilfe oder Umverteilung abzielende politische Maßnahmen ›sozialistisch‹ sind, wenn sie weder die Absicht noch die Wirkung haben, den Markt durch eine zentrale Planung zu ersetzen — wenn die Produktion weiterhin privatwirtschaftlich organisiert und auf die Nachfrage und das Angebot der Privatwirtschaft eingestellt bleibt.

In diesem Zusammenhang sind einige kritische Bemerkungen von Dale Vree und Nathan Glazer recht aufschlußreich. Im Gegensatz zu Dale Vree habe ich nichts gegen die Betonung der sozialen Wissenspsychologie einzuwenden. Es handelt sich hier um ein legitimes Unterfangen, das allerdings besonderer Vorsicht bedarf.

Schließlich sind einige Analysen, zu denen ich mich äußere, ihrer Tendenz nach ahistorisch, was ich für einen Fehler halte. Sowie wir anerkennen, daß wir uns mit dem liberalen Kapitalismus oder, anders gesagt, mit einem Gesellschaftssystem befassen, das auf dem Privateigentum beruht, sich in hohem Maße auf Marktmechanismen stützt und eng mit der parlamentarischen Demokratie verbunden ist, müssen wir uns klarmachen, für welch einen kurzen Zeitraum und in welch einem kleinen Teil der Welt dieses System eine beherrschende Stellung einnahm oder im Aufstieg begriffen war. Den größten Teil der aufgezeichneten Geschichte über lebten die meisten Menschen in gesellschaftlichen und politischen Systemen, die bestimmte Eigentumsrechte anerkannt haben und bereit gewesen sein mögen, den wirtschaftlichen Kräften einen gewissen Spielraum zu gewähren, dabei jedoch eine umfassende Steuerung der Hauptformen der wirtschaftlichen Tätigkeit durch den Staat oder andere öffentliche Einrichtungen für absolut richtig und angemessen hielten.

Kulturelle Umfelder des Kapitalismus

Es ist offensichtlich, daß der liberale »rationale bürgerliche Kapitalismus«, wie Max Weber Ende des 19. Jahrhunderts schrieb, ein europäisches Produkt und noch genauer ein Produkt ist, das in den von englischen Calvinisten besiedelten Ländern zu seiner vollsten Entfaltung gelangte. Seine Wiege steht in England und sogar auf dem europäischen Kontinent selbst. In Osteuropa und in weiten Teilen Südeuropas faßte er andererseits nie wirklich Fuß. Fast überall in Osteuropa und selbst in Deutschland spielten der Staat und die staatliche Bürokratie bei der Industrialisierung eine entscheidende Rolle. In den meisten osteuropäischen Ländern kam es nie zur Entwicklung einer unternehmerischen Schicht, die der Englands oder der der Vereinigten Staaten vergleichbar gewesen wäre. Möglicherweise hat eine solche Schicht in keinem anderen Teil der Welt (mit Ausnahme Japans) wirkliche Kraft und Stärke entwickelt. Selbst in Japan ist es bis zu einem gewissen Grade fraglich, ob die Motivationen und Einstellungen der Geschäftsleute sich mit denen ihrer europäischen Kollegen wirklich vergleichen lassen.

Dies bedeutet nun nicht notwendigerweise, daß der liberale Kapitalismus ein Kuriosum der Geschichte ist, das sich nicht exportieren läßt. Die historischen und geographischen Grenzen der mit ihm verbundenen Vorstellungen und Strukturen sollten einen jedoch nicht ohne weiteres zu der Annahme verleiten, er sei das eigentlich Natürliche und Selbstverständliche, während Abweichungen von ihm begründet und erklärt werden müßten. Man muß zumindest bis zu einem gewissen Grade für die Vorstellung offen sein, daß die Position der Anhänger des Kapitalismus ebenso einer Erklärung bedarf wie die seiner Feinde. Dies gilt selbst dann, wenn man eine auf dem Privateigentum und einem verhältnismäßig freien Markt beruhende Gesellschaft jeder vorhandenen oder sogar jeder denkbaren Alternative für wahrscheinlich überlegen hält.

Sowohl Weber wie Schumpeter wäre diese Aussage annehmbar erschienen. Ihre Analysen der Zukunft des liberalen Kapitalismus unterscheiden sich gar nicht so sehr voneinander. Weber stellte einen ursächlichen Zusammenhang zwischen dem Entstehen des Kapitalismus und der ›Rationalität‹ und dem Entstehen einer besonderen Ethik auf der Grundlage einer christlichen und insbesondere einer calvinistischen Religiosität her. Nachdem diese spezifische Religiosität verlorengegangen war, sah er eine Reihe von gleichermaßen düsteren Möglichkeiten voraus: Erstens den bürokratischen oder staatlichen Kapitalismus, der gegebenenfalls ebenso inhaltsleer wie autoritär sein würde; zweitens einen Rückfall in den Irrationalismus als Ergebnis des Verlustes der dem christlichen Selbstverständnis zugrundeliegenden nichtrationalen Grundlagen. Weber vertrat zumindest implizit die Auffassung, der Rationalismus des Westens könne sich schließlich als selbstzerstörerisch erweisen. Schumpeter sah die Dinge in weitgehend ähnlicher Weise. Die Rationalisierungstendenzen des Kapitalismus, die Beseitigung der Aristokratie, die als Beschützer des Kapitalismus fungiert hatte, und die Schaffung einer entfremdeten Intelligenzia — alle trugen sie zum unvermeidlichen Triumph des Sozialismus bei. Schumpeter behauptet auch, eine in sich stabile staatlich gelenkte Wirtschaft (aus welchem Grund auch immer) würde die Anziehungskraft des Kapitalismus schwächen. Selbstverständlich hielt er einen verhältnismäßig demokratischen Sozialismus zumindest für möglich.

Überblick über die Argumente

Wenden wir uns nun den verschiedenen Rednern zu und behalten wir dabei das oben Gesagte im Gedächtnis.
Ernest van den Haags Erörterung der Quellen der Marktfeindlichkeit ist, wie alles, was er schreibt, treffend formu-

liert und scharfsichtig. Aber wie er auch weiß, streift er in seinem Vortrag einige Grundfragen nur. Indem er argumentiert, die kapitalistische Entwicklung habe die Mehrzahl von Marxens Prophezeiungen über eine fortschreitende Verarmung eindeutig widerlegt und bis jetzt mehr Menschen mit Konsumgütern und Sozialleistungen versorgt als jedes alternative Wirtschaftssystem, beschreibt van den Haag in großen Umrissen einige Gründe für die gegenwärtig zu verzeichnende Marktfeindlichkeit:

1. Gerade der Erfolg des Kapitalismus hat unter denjenigen, die immer noch ›arm‹ sind, eine Unzufriedenheit vielfältiger Art ausgelöst, obwohl oder gerade weil sich der Abstand zwischen ihnen und den ›Wohlhabenden‹ verkleinert hat. Die Armen sehen die Welt mittlerweile weitgehend mit den gleichen Augen wie die Wohlhabenden und teilen deren ›verzehrende‹ Wünsche. Zudem wird Armut jetzt als eine Funktion gesellschaftlicher Kräfte und weniger als ein naturgegebener Zustand angesehen. Gibt es weiterhin Armut, so ist das Gesellschaftssystem dafür verantwortlich zu machen. Die Reichen (oder vielmehr ihre reich geborenen Kinder) teilen dieses Gefühl und haben ihrem Reichtum gegenüber folglich eine ambivalente Einstellung.

2. Der Wohlfahrtsstaat hat eine Klasse der permanent Armen geschaffen, die ihre Armut zwar mit Groll erfüllt, die es aber angesichts der mit einer Arbeit verbundenen äußerst geringen Vorteile nicht für notwendig halten, zu arbeiten.

3. Die beiden genannten Gründe rufen Ressentiments gegen die Ungleichheiten hervor, die eine Funktion des marktwirtschaftlichen Systems sind. Jedes Wirtschaftssystem (einschließlich der sozialistischen Systeme) produziert Ungleichheiten, aber die sozialistischen Systeme können ›Utopia‹ versprechen, bevor sie an die Macht kommen, und abweichende Meinungen unterdrücken,

nachdem sie an die Macht gekommen sind. Das marktwirtschaftliche System hingegen, der Freiheit verpflichtet und durch seine ›Rationalität‹ die moralische Legitimität seines Systems der Ungleichheit untergraben habend, steht jeder Kritik hilflos gegenüber. An diesem Punkt geht van den Haag zu einer Erörterung der Frage der Berechtigung von Ungleichheit über. Er gelangt zu dem Schluß, daß sich soziale Ungleichheiten nicht moralisch rechtfertigen lassen und daß sich die durch die marktwirtschaftliche Ordnung geförderte spezifische Ungleichheit sicherlich nicht in dieser Welt rechtfertigen läßt.

Das marktwirtschaftliche System läßt sich also nur in der Weise verteidigen, daß man auf seine größere Leistungskraft und Kreativität, seine größere Vereinbarkeit mit Freiheit und auf die Tatsache verweist, daß alternative Systeme der Ungleichheit (größerer Ungleichheit, wie van den Haag sagt) ebenfalls nicht zu rechtfertigen sind. Während also, kurz gesagt, die moralisch-politischen Argumente für die marktwirtschaftliche Ordnung Schwächen aufweisen, sind sie dennoch stärker als die Gründe, die sich für jedes alternative, realistischerweise vorstellbare System anführen lassen. Leider handelt es sich hier, wie van den Haag sagt, um sehr komplexe Überlegungen, die auf die Massen angesichts einer utopischen Politik oder der lautstarken Forderung nach ›Gerechtigkeit hier und heute‹ kaum große Anziehungskraft ausüben dürften. Dies gilt vor allem deswegen, weil jeder von uns hofft, seine prinzipielle Überlegenheit werde anerkannt, und wir würden in einem von einem allmächtigen Vater geleiteten System entsprechend unserem ›gerechten‹ Verdienst belohnt.

4. Antikapitalistische Appelle wirken besonders auf Intellektuelle sehr überzeugend. Viele Menschen entscheiden sich für die ›intellektuellen‹ Berufe, weil sie die wirtschaftliche Rationalität des Systems nicht anspricht und weil sie

hoffen, in einer geplanten Gesellschaft Macht zu besitzen. Und viele ergreifen jetzt einen intellektuellen Beruf, weil sie vom Einkommen ihrer Eltern leben, ohne daß diese über disziplinarische Mittel verfügen, wenn sie eine Generationsrevolte betreiben.

Unter Hinweis auf die New Yorker Erfahrungen mit dem Mietstop behauptet Roger Starr in Ergänzung zu dieser Argumentation, eine entscheidende Quelle der Marktfeindlichkeit liege in der Abneigung der Menschen begründet, zwischen verschiedenen Möglichkeiten zu wählen. Hinter einem großen Teil der Marktfeindlichkeit verberge sich der Wunsch, von der Freiheit in einen Bereich zu entfliehen, wo die mit einer Wahl verbundenen wichtigen Lebensentscheidungen für einen getroffen werden. Während Starrs Beitrag in gewisser Weise eine Kritik des Vortrags van den Haags darstellt, betont er eigentlich einen Aspekt, mit dem van den Haag sich bereits befaßt hat.

Lewis Feuer bedient sich bei seiner Analyse der Marktfeindlichkeit im wesentlichen einer psychoanalytischen Ausdrucksweise. Seine Erörterung dieser Frage ist facettenreich und vielschichtig. Er weist — wie ich meine, zu Recht — darauf hin, daß der liberale Kapitalismus insofern eine grundlegende Abkehr von früheren Gesellschaftsordnungen darstellt, als er aggressive Urtriebe in kreative Zwecke lenkte. Anstatt andere Menschen zu erobern oder auszuplündern, arbeiteten die Menschen mit der Natur zusammen, sie auf diese Weise im Interesse eines ›zweckdienlichen Lebens‹ — um Thomas Hobbes glücklich gewählten Ausdruck zu benutzen — erobernd.

Trotz dieser Tatsache und trotz der offensichtlichen Erfolge des liberalen Kapitalismus ist die Opposition gegen die freien Märkte im Laufe der letzten Jahre gewachsen. Feuer stellt im Zusammenhang mit dieser Marktfeindlichkeit eine irrationale Grundströmung fest, die großenteils auf dem Wunsch beruht — wie er argumentiert — nicht zu reformieren, sondern sich aggressiv zu verhalten, zu herrschen und zu lenken. In groben Umrissen zeichnet er dann ein Bild der Persönlichkeit — der ›dialektischen Persönlichkeit‹ — in intellektuellen Kreisen, die für eine solche ablehnende Haltung am anfälligsten ist. Personen dieses Typs verharren komplexhaft in einer Generationsrevolte. Für sie steht die in Arbeit und Wissenschaft geforderte Disziplin stellvertretend für den Vater, den es zu vernichten gilt (da er nicht reformiert werden kann), wenn der Sohn seine eigenen Ziele erreichen soll. Diese Ziele weisen auf die Schaffung einer vom Wettbewerb freien, liebenden Gemeinschaft oder, psychoanalytisch gesprochen, auf die Besitzergreifung der Mutter hin. Wie Feuer meiner Meinung nach überzeugend darlegt, haben die Angriffe auf den Kapitalismus seitens solcher Intellektuellen häufig den Zweck, eine tieferliegende Feindseligkeit gegenüber den Eltern freizusetzen, die auf die Gesellschaftsordnung projiziert wird. Diese Angriffe sind ein Ausdruck für die Weigerung, die Realität anzunehmen und ›erwachsen‹ zu werden. In ihren Phantasien wünschen sich solche Menschen häufig eine Gesellschaft, die als ›Mutterschoß mit einem Ausblick‹ beschrieben werden könnte, d. h. eine Gesellschaft, in der sie alles tun können, was sie wollen, ohne die Folgen fürchten zu müssen, und in der sie niemals sterben werden.

Professor Feuer glaubt, daß die Generationsrevolte der 60er Jahre durch eine Konvergenz von Neurosen unterschiedlichster Art hervorgerufen wurde und daß die ›dialektische Persönlichkeit‹ unter der geistigen Anleitung von ›Gurus‹ wie Paul Goodman, Herbert Marcuse und Erich Fromm immer tonangebender wurde. All dies geschah, wie er meint, gerade weil der Kapitalismus in den Vereinigten Staaten so erfolgreich war. Nachdem er für eine große Zahl von Menschen die meisten ›realen‹ Probleme der Außenwelt gelöst hatte, ließ er viele Angehörige dieser Generation ohne Aufgaben zurück, auf die sie ihre Energien richten können.

Für die Aggressionen dieser jungen Leute gibt es jetzt kein sublimiertes Betätigungsfeld. Folglich wenden sie sich nach innen, gegen das System und gegen die Eltern. Dies gilt am häufigsten für die mit einer überragenden Intelligenz begabten Kinder, deren mühelose Bewältigung intellektueller Probleme ihrer emotionalen Reife weit voraus ist. Mit Ausnahme derjenigen, die schließlich im Bereich der Naturwissenschaften arbeiten und sich folglich mit der Wirklichkeit auseinandersetzen müssen, fördert diese Frühreife, so meint Feuer, tendenziell einen infantilen Narzißmus. Menschen ebendieses Typs sind es, die heute die Universitäten in einer Gesellschaft bevölkern, deren Dienstleistungssektor angewachsen ist. Ihr Engagement für den Sozialismus wird selbstverständlich noch durch ihre Erwartung verstärkt, eine solche Gesellschaftsordnung werde ihnen Machtpositionen zuteilen. Ihre beherrschende Stellung an den Universitäten hat die Reihen der antikapitalistischen Generation anschwellen lassen. Und im Lager der Humanisten entscheiden sich die Unfähigsten für den radikalen Weg, denn er verschafft ihnen eine rationale Begründung, mit deren Hilfe sie die ihnen Überlegenen erfolgreich angreifen können. Tatsächlich haben in allen bürokratischen, kollektivistischen Gesellschaften, wie in der russischen, die Durchschnittsmenschen oder Mittelmäßigen das Sagen.

Dale Vrees Analyse von Feuers Ausführungen baut auf einer halb humorvollen Selbstanalyse auf. Wie Vree sagt, beruhte sein eigener Radikalismus auf einer bewußten Feindseligkeit gegenüber Privilegien, die sich von seinem Vater und weniger von unbewußten Motiven herleitete, und seine spätere Distanzierung von der Linken war zumindest teilweise das Ergebnis der von ihm festgestellten

›Dekadenz‹ des amerikanischen Radikalismus. Diese Abkehr von der Linken war außerdem auf seine Erkenntnis zurückzuführen, daß die etablierten kommunistischen Regime anscheinend danach strebten, den amerikanischen Lebensstil in seiner schlimmsten Form nachzuahmen. Vree kritisiert Feuer wegen seines unterschiedlichen Gebrauchs des Wortes ›unbewußt‹ und wegen seines psychologischen Reduktionismus. Wie er meint, sollte man seine Energien besser darauf verwenden, eine Antwort auf Teile der Kapitalismuskritik der Linken zu geben.

Mit Professor Bauer wenden wir uns einer Untersuchung der antikapitalistischen Grundhaltung in den weniger entwickelten Ländern zu. Sein Vortrag ist

1. eine Kritik an denjenigen, die der Planung das Wort reden;
2. eine Kritik an denjenigen, die behaupten, die fortgeschrittenen kapitalistischen Länder seien an der Armut der weniger entwickelten Länder schuld;
3. eine Kritik der ›dirigistischen‹ Politik, die er für verfehlt hält; und
4. eine Untersuchung der Gründe, warum sich 1., 2. und 3. so großer Beliebtheit erfreuen, obwohl für ihn klar erkennbare Irrtümer vorliegen.

Ich werde Professor Bauers Kritik an denjenigen, die die Marktwirtschaft oder die fortgeschrittenen kapitalistischen Länder für das ›Dilemma‹ der weniger entwickelten Länder verantwortlich machen, oder seine Kritik an der Funktionsweise ›dirigistischer‹ Volkswirtschaften hier nicht zusammenfassen. Sein Standpunkt in diesen Fragen ist wohlbekannt und für die von ihm weiter vorne vorgetragenen Argumente nur am Rande von Bedeutung. Kurz gesagt vertritt Professor Bauer die Auffassung, daß es der westliche Imperialismus (und westliche Investitionen) war, der die Entwicklung der weniger entwickelten Länder einleitete, und daß dirigistische Volkswirtschaften ob ihrer Politisierung der wirtschaftlichen Tätigkeit wirtschaftliche Realitäten außer acht lassen, riesige Bürokratien schaffen und weniger leistungsfähig sind als freie Märkte, dort wie hier.

Wie läßt sich also die vergleichsweise Vorrangstellung dirigistischer Lehren im allgemeinen und des Marxismus im besonderen in den weniger entwickelten Ländern erklären? Nach Professor Bauers Feststellung erfreuen sich beide besonders unter den Intellektuellen, Politikern und Administratoren (diese Gruppen überschneiden sich) großer Beliebtheit und werden zuweilen auch von Persönlichkeiten aus dem Bereich der Kirchen unterstützt. Die Bevölkerung steht dem marktwirtschaftlichen System im allgemeinen zumindest anfänglich nicht feindlich gegenüber. Sie wird eher durch Teile der Elite in diese Richtung gedrängt.

Die Gründe für die Kapitalismusfeindlichkeit der Elite sind vielschichtig. Professor Bauer nennt eine große Zahl solcher Gründe, von denen mir sechs besonders bedeutsam erscheinen:

Erstens leiten sich die Denkweisen der führenden Politiker in der Dritten Welt zum Teil aus den Lehren westlicher Ökonomen her, die für internationale Organisationen arbeiten. Da überzeugte Anhänger der Bedeutung von Planung und staatlicher Lenkung in diesen Institutionen eine tonangebende Rolle spielen, überrascht es nicht, daß Ideen dieser Art eine so große Wirkung haben.

Zweitens neigen Intellektuelle, Administratoren usw. dazu, sich dem einfachen Volk gegenüber sowohl überlegen wie entfremdet zu fühlen. Zudem fühlen sie sich isoliert.

All dies veranlaßt sie dazu, es für ihre Pflicht zu halten, den Gang der wirtschaftlichen Tätigkeit zu bestimmen und umfassenden Glaubenssystemen gegenüber beson-

ders aufgeschlossen zu sein, die ihnen die Reintegration mit ihren Mitmenschen verheißen.
Drittens hat die Entwicklungshilfe insofern die Tendenz, die Position der Planer zu stärken, als sie den Regierungen zufließt. Zudem erlaubt sie den Planern, die Mißerfolge der Planung zu verdecken.
Viertens versetzen der Marxismus-Leninismus und verwandte Lehren Intellektuelle in die Lage, den Westen (Imperialismus, Neokolonialismus) für die Probleme der eigenen Gesellschaft verantwortlich zu machen. Mit der Befürwortung solcher Lehren ist also auch ein Moment des Eigennutzes verbunden, das durch westliche Schuldgefühle noch verstärkt wird. Wenn der Westen als Reaktion auf Vorwürfe von Imperialismus und Ausbeutung ›mea culpa‹ schreit und mit jedem neuen Vorwurf mehr Unterwürfigkeit und umfassendere Hilfe anbietet, verhalten sich die Eliten in den weniger entwickelten Ländern nur rational und situationskonform, wenn sie radikale ideologische Positionen beziehen.
Fünftens stehen die Traditionen vieler dieser Gesellschaften der freien wirtschaftlichen Tätigkeit feindlich gegenüber, und es ist nur natürlich, daß diese Feindseligkeit sich auf andere Bereiche überträgt, vor allem wenn die Industrialisierung als etwas erlebt wird, das herkömmliche Lebensweisen zerstört.
Und schließlich stellen die Geschäftsleute in den meisten weniger entwickelten Ländern eine uneinheitliche und in bedeutsamer Weise unpolitische Gruppe dar. Sie sieht nicht, daß Ideen wichtige Folgen haben können, und versäumt es, sie wirksam zu bekämpfen.

Professor Glazer, der sein Augenmerk vor allem auf die Rolle der westlichen Intellektuellen richtet, unterstützt zum Teil Professor Bauer, wirft jedoch eine wichtige Frage auf. Glazer argumentiert, die Wirtschaftsanalyse in den Vereinigten Staaten sei bis vor kurzem ihrer Grundtendenz nach marktfreundlich gewesen, wenn sie auch ein gewisses Maß an Planung befürwortet habe. Warum also beschloß die jüngere Generation der Intellektuellen im Westen, im Gegensatz zu der herrschenden Meinung ihrer Berufsgruppe, neomarxistische Ideen zu akzeptieren und zu unterstützen? Und warum zogen es auch die Intellektuellen in der Dritten Welt vor, ihre Wirtschaftstheorien nicht von der herrschenden Lehre und Meinung im Westen, sondern eher von den vergleichsweise einflußlosen Gruppen radikaler Gesellschaftstheoretiker im ›Untergrund‹ zu beziehen? Professor Glazer bemüht sich, eine Antwort auf diese Fragen zu geben.

Die Grenzen des liberalen Kapitalismus

Lassen sich die Aufsätze in diesem Band in einen gemeinsamen Bezugsrahmen einordnen? Ich glaube ja, trotz der unterschiedlichen Denkansätze und der Vielfalt der behandelten Themen. Sie scheinen mir zudem auf weitere Gebiete der Forschung und des Schreibens hinzuweisen. Zunächst sind jedoch einige zusätzliche warnende und klärende Bemerkungen erforderlich.

Die Professoren van den Haag und Bauer haben mich keineswegs überzeugt, daß die freien Märkte notwendigerweise in bezug auf die Schaffung von Wirtschaftswachstum und Wohlstand mehr leisten als die staatlich gelenkten Wirtschaften. Das Beweismaterial ist durchaus gemischt. Trotz Problemen und hoher Kosten haben sowohl die Sowjetunion wie China, im Vergleich zu beispielsweise Indien und vielen lateinamerikanischen Ländern, Erfolge zu verzeichnen, und dies gilt auch für Kuba. Das ist mit ein Grund für die Anziehungskraft des dirigi-

stischen Modells. Es ist richtig, daß gemischtwirtschaftliche Systeme, in denen der private Sektor eine beherrschende Stellung einnimmt, in einigen Ländern ebenfalls recht erfolgreich waren. In diesem Zusammenhang fallen einem sofort Südkorea, Taiwan und Japan ein. Leistungsfähigkeit und Wachstum, darum geht es hier, stellen eine sehr vielschichtige und strittige Frage dar.
Dies gilt selbst für die entwickelten Länder. So sind Englands Probleme beispielsweise nicht durchweg die Folge des Wohlfahrtsstaates in seiner englischen Ausformung. Zwar bin auch ich der Meinung, daß die Macht der Gewerkschaften und der Versuch, einen totalen Wohlfahrtsstaat zu errichten, das Wachstum negativ beeinflußt haben, aber kulturelle Variablen (die zum Teil die Haltung der Gewerkschaften und den vergleichsweisen Mangel an Dynamik seitens der britischen Unternehmer erklären) sind, so vermute ich, von größerer Bedeutung. Und vor allem sehe ich wenig Grund für die Annahme, daß sozialistische Gesellschaften nicht imstande sind, die ›guten Dinge‹ des Lebens für ihre Bürger zu produzieren. Im Gegensatz zu der von den Professoren Bauer und van den Haag vertretenen Auffassung glaube ich, daß sozialistische Gesellschaften möglicherweise in einigen Punkten weniger leistungsfähig als liberale kapitalistische Gesellschaften sind, aber sie vermeiden einige Aspekte der Verschwendung, die in solchen Gesellschaften endemisch sind.
Zweitens ist es keineswegs sicher, daß die Einkommensverteilung in sozialistischen Gesellschaften notwendig *ungleicher* sein wird als in liberalen kapitalistischen Gesellschaften. Zuverlässige Daten sind nur schwer erhältlich, aber die fundiertesten, die ich gesehen habe, deuten darauf hin, daß die Einkommensverteilung in Kuba und China gleicher ist als in den Vereinigten Staaten. Die Einkommensspanne in der Sowjetunion ist mit Ausnahme der

Randgruppen ungefähr die gleiche, wenn auch Belohnungen auf recht unterschiedliche Weise verteilt werden. (In der Sowjetunion gehen die Spitzengehälter an hochrangige Militärs und Parteifunktionäre.) Wenn die Sowjetunion wirklich einen Hinweis auf die wahrscheinliche Entwicklungstendenz sozialistischer Gesellschaften bietet, so vermute ich, daß sich sozialistische und kapitalistische Gesellschaften in diesem Punkt nicht wesentlich voneinander unterscheiden.[1]

Die stärksten Argumente für den liberalen Kapitalismus scheinen mir folgende zu sein:

1. Die Wahrscheinlichkeit einer Verbindung mit einer parlamentarischen Demokratie ist größer als beim Sozialismus;
2. die Wahrscheinlichkeit, daß er zu einer Überbürokratisierung mit all den damit verbundenen negativen Auswirkungen führt, ist geringer;
3. er fördert den Individualismus im allgemeinen und die individuelle Kreativität im besonderen;
4. er verläßt sich auf und fördert die Rationalität des Einzelnen und ein bestimmtes Ichbewußtsein.

Während alle diese Merkmale des liberalen Kapitalismus in meinen Augen Vorzüge darstellen, können sie auch, wie van den Haag, Feuer und Starr darlegten, eine echte Quelle der Schwäche sein.

Ich halte die in diesem Band gesammelten Aufsätze für sehr wichtig. Ich habe bereits auf die Auffassung von Dale Vree hingewiesen, die Soziologie/soziale Wissenspsychologie sei kein unbedingt legitimes Unterfangen. Hierin bin ich anderer Meinung. Ein Verständnis der nichtrationalen Quellen bestimmter Einstellungen stellt schon an sich einen Beitrag zum Verständnis historischer Entwicklungen dar. Zudem kann als Ergebnis des Versuchs, nichtrationale Elemente dieser Art auszuleuchten, die Rationalität gesteigert werden, mit deren Hilfe wir uns mit den Geschehnissen auseinandersetzen. Die Offenlegung von Motiven ist kein Ersatz für eine rationale Erörterung von Alternativen. Alle unsere Autoren haben dies jedoch in sehr ausführlicher Weise getan. Dieser Band hat einen etwas anderen Zweck.

Soweit zur Kritik.

Wie steht es mit der Möglichkeit, eine Synthese zu erstellen? Wir können dies, glaube ich, tun, indem wir in umgekehrter Reihenfolge meiner Zusammenfassung beginnen und als erstes die Marktfeindlichkeit in der Dritten Welt erörtern. Lassen Sie mich in diesem Zusammenhang meine eingangs gemachten Bemerkungen noch einmal unterstreichen. Der liberale Kapitalismus stellt einen Ideenkomplex dar, der aus einer besonderen kulturellen Matrix hervorging. Er wurde von Gesellschaften entwickelt, die Erben des im römisch-katholischen Christentum zusammengefaßten griechischen, römischen und jüdischen Gedankengutes waren. Es war eine Matrix, die selbst im Rahmen des Katholizismus dem rationalen Verständnis der Natur (einschließlich der Abwertung von Magie und Mystizismus), dem Individualismus und einer Art Universalismus, der sich als stärker erwies als Sippe und ethnische Bande, besondere Bedeutung beimaß und dergestalt bereits vor dem Kapitalismus die Einrichtung kommerzieller Aktivität auf vertraglicher Grundlage ermöglichte. Es ist richtig, daß die Whig-Historiker im 19. Jahrhundert die Kirche als Antithese zum liberalen Individualismus, zur Wissenschaft und zur kapitalistischen Industrialisierung sahen. Sie waren jedoch in hohem Maße ethnozentrisch. In einem vergleichenden Kontext liegt klar zutage, daß die abendländische Kultur den Weg für eine Entwicklung dieser Art bereitete und daß der calvinistische Protestantismus sozusagen als zusätzlicher Faktor zu einem kritischen Zeitpunkt hinzukam und einige Länder in die

Lage versetzte, sich als erste zu modernisieren.

In Europa waren die Kulturen einiger Länder aus verschiedenen Gründen mit der kapitalistischen Entwicklung in sehr viel höherem Maße vereinbar als andere. Die Vereinigten Staaten beispielsweise, als calvinistische Nation geboren und ohne feudale Tradition, trugen von Anfang an den Keim zu einer nahezu idealtypischen liberalen kapitalistischen Zivilisation in sich. Aus etwas anderen Gründen konnte auch Deutschland, nachdem es seine Aufmerksamkeit der Modernisierung erst einmal zugewandt hatte, sich auf eine Bevölkerung stützen, deren lutherisch-christliches Erbe (mit seiner Betonung von Selbstbeherrschung und Selbstdisziplin) eine Passion für peinliche Genauigkeit und Ordnung hervorbrachte, die zur raschen Entfaltung des liberalen Kapitalismus beitrug. Der Durchbruch zum Kapitalismus hing also davon ab, daß Energien in praktische Tätigkeiten gelenkt wurden, wobei Aggressionen im Zaum gehalten oder sublimiert wurden und die Ichstärke (wenn ich mich dieser psychoanalytischen Ausdrucksweise befleißigen darf) sowie die Kreativität des Einzelnen in einzigartiger Weise betont wurden.

Wie ich bereits erwähnte, entstand nirgendwo sonst auf der Welt ein einheimisches Bürgertum, das mit dem westlicher Prägung vergleichbar gewesen wäre. In Japan und in anderen Kulturen des konfuzianischen Kulturkreises ist offensichtlich, daß im Anschluß an ihre Erschließung durch den Westen bestimmte kulturelle Merkmale eine rasche Industrialisierung förderten. Selbst in Japan unterschieden sich jedoch die Motive, die ein rasches Wachstum ermöglichender harter Arbeit zugrunde liegen, von denen des Westens und tun es auch heute noch in erheblichem Maße. Damit soll nicht bestritten werden, daß es in vielen Gesellschaften Individuen und Gruppen gibt, die einige der Merkmale des westlichen Bürgertums aufweisen, aber Gruppen dieser Art haben nie eine kulturelle Vorrangstellung erreicht.

Länder und Kulturen der Dritten Welt

Der liberale Kapitalismus und die Industrialisierung wurden durch Beispiel und Eroberung in die nichteuropäischen Teile der Welt gebracht. In diesem Zusammenhang bin ich teilweise anderer Auffassung als Professor Bauer. Ich bezweifele nicht, daß der Westen (worauf auch Marx schon hinwies) eine wichtige Rolle spielte, indem er traditionelle gesellschaftliche Orientierungen schwächte und ein Beispiel dafür gab, wie man Dinge auf neue Weise tun könne. Ich stimme weiter darin überein, daß der westliche Imperialismus nicht annähernd so ausbeuterisch war wie die meisten traditionellen Formen des Imperialismus. Aber bis zu einem gewissen Grade ausbeuterisch war er doch. Vor allem flößte er den nichtwestlichen Intellektuellen ein Gefühl der Minderwertigkeit ein, das zu überwinden sie sich heute noch bemühen. In der Tat kann die Übernahme des radikalen Marxismus durch die chinesischen Intellektuellen, wie Levinson argumentiert hat, teilweise als Versuch verstanden werden, die Überlegenheit ihrer eigenen Gesellschaften durch Übernahme der ›fortschrittlichsten‹ westlichen Position wiederherzustellen.[2] Indem sie den Kapitalismus angreifen, rächen sie sich gleichzeitig am Westen für die ihnen zugefügten psychischen und physischen Schäden. Ähnlich strukturierte Themen klangen übrigens auch in Deutschland an, als es sich während des geistig sehr unruhigen 19. Jahrhunderts bemühte, seinen Platz in der Welt und neben Rußland zu finden. Arabische, afrikanische oder lateinamerikanische

Sozialisten verweisen ebenfalls mit Nachdruck auf die Überlegenheit ihrer eigenen Kulturen, wenn diese sich fortschrittliche westliche Positionen zu eigen machen.
Dieses seelische Trauma und der Wunsch, ihre Gleichheit (oder Überlegenheit) mit den Europäern zu begründen, erklärt *teilweise* die Anziehungskraft, die die radikaleren westlichen Ideologien (die dem Westen kritisch gegenüberstehen und ihn verantwortlich machen) für die Intellektuellen in der Dritten Welt besitzen. Ich stimme hier teilweise Glazer zu, daß sich die asiatischen, afrikanischen, lateinamerikanischen und arabischen Intellektuellen bis zu den 60er Jahren, als das Bild sich rasch zu wandeln begann, ›radikale‹ Theorien aussuchten, die in den Vereinigten Staaten nicht ausdrücklich vorherrschend waren.[3]
Eine weitere Variable steht jedoch sicherlich gerade mit dem Nichtvorhandensein einer einheimischen Mittelklasse protestantischer Prägung im Zusammenhang. Unter diesen Umständen gelangte die politische Elite in den verschiedenen weniger entwickelten Ländern auf ganz selbstverständliche Weise zu dem Eindruck, die Aufgabe der Industrialisierung hänge von ihnen ab — es war ja nicht zu erwarten, daß die entsprechenden Einstellungen von unten aus dem Volk aufsteigen würden — und sie seien es, die ihre Gesellschaften ändern müßten. Auch in diesem Punkt steht die Dritte Welt nicht allein. Im Laufe des 19. Jahrhunderts wurde die Industrialisierung in fast jedem osteuropäischen Land, von Deutschland bis Rußland, durch den Staat und seine Bürokratie eingeleitet. In einigen dieser Länder entwickelte sich schließlich eine unternehmerische Klasse. In anderen Ländern schlossen kommunistische Revolutionen und Machtübernahmen dies aus.
Selbstverständlich sind auch alle anderen, zu Recht von Professor Feuer erwähnten Faktoren — einschließlich der

autoritären Tradition bereits bestehender Kulturen (sowie des Mangels an Individualismus), der Abwertung kommerzieller Tätigkeit und des puren Eigeninteresses — von Bedeutung. Aber die kulturelle Matrix und das Gefühl, es eilig zu haben (das einer umfassenden Planung stets förderlich ist), spielt, so meine ich, in Verbindung mit der feindseligen Haltung gegenüber Europa und dessen Erbe, den Vereinigten Staaten, eine sehr große Rolle.

Ich würde *noch einen* weiteren Faktor nennen. In Europa ging der Zusammenbruch der traditionellen *äußeren* Verhaltenskontrollen im Zusammenhang mit der Entwicklung zu einer modernen Gesellschaft mit ihrem Ersatz durch innere Kontrollen (ein starkes, aus christlichen Quellen abgeleitetes Über-Ich) einher.[4] Der Individualismus, so wie er sich in der Welt entwickelte, war im Rahmen bestimmter, sehr wichtiger Beschränkungen wirksam. Diese sind im Westen im Laufe der Zeit verschwunden. In den meisten nichteuropäischen Gesellschaften hat es sie nie gegeben. Da der Wandel von außen kommt und die einheimische Kultur zerstört, scheinen westliche liberale Ideen vielfach eine beinahe sofortige Anomie, d.h. eine Lockerung und Aufweichung gesellschaftlicher und moralischer Leitideen, zur Folge zu haben. Aus diesem Grunde betrachten viele Menschen in den nichteuropäischen Ländern den liberalen Individualismus (und die damit verbundenen freien Märkte) als eine Quelle des Verfalls in ihren eigenen Gesellschaften und, wie ich hinzufügen würde, in wachsendem Maße auch im Westen selbst. Es kann also kaum erstaunen, daß sie davor zurückscheuen und versuchen — wenn auch in modernem Gewande —, ein kollektives Bewußtsein und Ordnungsgefüge aufrechtzuerhalten, das trotz seiner kollektivistischen Grundtendenz dem traditionellen amerikanischen Calvinismus in vieler Hinsicht verdächtig ähnelt. Dies ist der Grund, warum einige amerikanische Radikale der neuen Linken (wie auch einige Bohemiens) schließlich Kuba, Rußland und China so wenig reizvoll fanden. In all diesen Ländern wurden Arbeit, Ordnung und Disziplin besondere Bedeutung beigemessen. Und die herrschenden kommunistischen Eliten lehnen Erscheinungsformen westlicher ›Dekadenz‹, wie Homosexualität, moderne Kunst und sogar ungezügelte Heterosexualität, fast ausnahmslos ab.

Natürlich fanden zumindest einige ›puristische‹ Radikale aus dem Westen gerade diese Themen — Arbeit, Ordnung und Disziplin — in der Frühzeit der sowjetischen und chinesischen Experimente besonders reizvoll und empfanden es als ernüchternd, daß insbesondere die Sowjetunion und Osteuropa hier die Zügel etwas lockerer lassen. Genau dies war die Reaktion von Dale Vree an einem bestimmten Punkt seines Wandlungsprozesses, wie er uns berichtet.

Die utopischen Elemente im Marxismus-Leninismus haben die Intellektuellen der Dritten Welt aus den von Professor Bauer und anderen genannten Gründen ohne Zweifel angezogen. Sie sind jedoch nicht die einzigen, die sich zu solchen Idealen hingezogen fühlen, und damit kommen wir zu den fortgeschritteneren liberalen kapitalistischen Industrienationen, vor allem den Vereinigten Staaten.

Gegenströmungen in den Vereinigten Staaten

Mit Ausnahme der Vereinigten Staaten hat der liberale Kapitalismus selbst in den europäischen Ländern nie eine einhellig gute Presse gehabt. Damit wir es nicht vergessen: Während der 30er Jahre sprach die europäische Intelligenzija vom Ende des Kapitalismus und war überzeugt, entweder der Faschismus oder der Kommunismus sei die

Welle der Zukunft. Es waren Amerikas Sieg im Zweiten Weltkrieg, der Wohlstand der Nachkriegszeit (wiederum vor allem in den Vereinigten Staaten) und die Unmöglichkeit, die von Stalin begangenen Verbrechen zu übersehen, die in den 50er Jahren zu einem Rückgang der geistigen Vorherrschaft der Linken führte. Während dieser Zeit wurden die Vereinigten Staaten zu einem Modell für die europäische Jugend und für wesentliche Teile der intellektuellen Gemeinschaft. Viele von ihnen meinten (trotz einer diesbezüglich recht großen Ambivalenz), die Entwicklung ihrer eigenen Gesellschaften solle sich stärker an dem Beispiel der Vereinigten Staaten orientieren, und die gesamten 50er Jahre hindurch importierten sie wesentliche Teile der amerikanischen Kultur, von den Gesellschaftswissenschaften bis zur Musik.

Und in den 50er Jahren erschienen führende amerikanische Intellektuelle zwar als reformistisch, aber nicht als grundsätzlich gegen das System eingestellt. Damit kehren wir zu der anfangs gestellten Frage zurück: Was bewirkte den Wandel?

Die auslösenden Faktoren liegen klar zutage, und zwar sind es die Rassenfrage und der Krieg in Vietnam. Auf irgendeine Weise verbanden sich das Unvermögen, erstere zu lösen, und unsere Verwicklung in den Vietnamkrieg mit einer Kritik am Kapitalismus selbst wie auch an vielen anderen amerikanischen Einrichtungen und Verhaltensmustern. Und es darf als wahrscheinlich gelten, daß der amerikanische Selbstzweifel und die amerikanische Selbstkritik, die durch das Fernsehen und das Kino nach Europa übertragen wurden, dazu dienten, die studentische Linke dort und das allgemeine Wiedererwachen radikaler intellektueller Strömungen zu fördern.

Dies hatte es schon einmal gegeben. Schließlich hatte sich in den 30er Jahren ein Teil der amerikanischen Intelligenzija nach links bewegt und angesichts der Weltwirtschaftskrise ihr Vertrauen in die amerikanischen Institutionen verloren. Die 70er Jahre unterscheiden sich von dieser Zeit nur insofern, als

1. die intellektuelle Klasse sehr viel größer ist;
2. die Intellektuellen angesichts der in New York und Washington konzentrierten nationalen Medien und einer nationalen Medienelite mit einem sehr feinen Gespür für die modischen Strömungen der Gegenwart wesentlich mehr Einfluß besitzen als in der Vergangenheit.

Wenn dies zutrifft, dann könnte die Lösung der Rassenfrage den Glauben an unsere Institutionen wiederherstellen, die angesichts konkreter Probleme nur einen zeitweiligen Niedergang erlitten haben. Dies ist keine besonders optimistische Prognose, da die Rassenfrage möglicherweise das vertrackteste Problem darstellt, das die Vereinigten Staaten je zu bewältigen hatten. Sie ist jedoch sehr viel optimistischer als die Prognosen der Verfasser der vorliegenden Vorträge und Kommentare und von Wissenschaftlern wie Daniel Bell.[5] Möglicherweise sind sie mit meiner Beschreibung der auslösenden Faktoren einverstanden, aber sie meinen, ein noch sehr viel tiefer liegendes Unbehagen zu erkennen. Zwischen den Professoren van den Haag und Feuer besteht über viele dieser tieferliegenden Faktoren Einigkeit, und auch ich bin mit ihnen einig. Auch hier wiederum möchte ich diese Faktoren jedoch in einen größeren Rahmen einordnen.

Ich gehe wie Professor Feuer davon aus, daß die Menschen sowohl affektive wie aggressive Bedürfnisse haben und daß sich Rationalität (oder psychologisch gesprochen: die Ichstärke) angesichts der Macht unbewußter Triebe leichter zerstören als aufbauen läßt; schließlich gehe ich davon aus, daß die Menschen insgesamt gesehen einer gewissen Aufgeschlossenheit für religiöse Dinge (sei sie auf das Jenseits gerichtet oder säkular) bedürfen, um

der Unausweichlichkeit von Zerfall und Tod ins Gesicht sehen zu können.
Ich habe bereits dargelegt, daß das Anwachsen der Ichstärke (d.h. der Rationalität) in der europäischen Geschichte auf der Stärke innerer, aus christlichen Quellen abgeleiteter Kontrollen (ein starkes Über-Ich) beruhte. Und doch hat, wie van den Haag und Feuer übereinstimmend feststellten, dieses Anwachsen der Rationalität die Grundlagen eben dieser Rationalität geschwächt, denn der liberale Kapitalismus hat mit einer Reihe von Widersprüchen zu kämpfen. Feuer und van den Haag haben einige dieser Widersprüche genannt, es gibt jedoch noch mehr. Die Betonung des zweckdienlichen Lebens verwandelt sich in den Wunsch, soviel wie möglich zu konsumieren, und untergräbt die traditionelle Betonung der Notwendigkeit von Selbstdisziplin und harter Arbeit. Die Betonung des Individualismus und der individuellen Verantwortung wird durch rationalistische psychologische Theorien (Produkte des westlichen Rationalismus) untergraben, denen zufolge eher die Gesellschaft im weiteren Sinne für unser Unglück verantwortlich ist als unser eigenes Handeln. Die gleiche Rationalität untergräbt die Religiosität, die den Menschen den Mut verlieh, selbst eine Wahl zwischen verschiedenen Möglichkeiten zu treffen und die dem menschlichen Dasein gesetzten Grenzen zu akzeptieren.
Die Schnelligkeit, mit der diese Widersprüche die bestehenden kulturellen Strukturen ausgehöhlt haben, ist einesteils eine Funktion der Technik und anderenteils eine Funktion der wachsenden Macht der ›Wissens‹-Schicht, die durch den liberalen kapitalistischen Wohlstand entsteht. Diese Schicht setzt sich aus überall auf der Welt anzutreffenden Personen zusammen, aus denjenigen, die die obengenannten Widersprüche selbst am klarsten veranschaulichen.

Die Professoren Feuer und van den Haag haben die meisten Ursachen für diesen Vorgang genannt, und obwohl diese Ursachen noch nicht sehr eingehend untersucht wurden, weist doch vieles darauf hin, daß die Berufswahl künftiger Intellektueller häufig durch ihre Feindseligkeit gegenüber der bestehenden Kultur bestimmt wird. Es sind die radikaleren Studenten an den Universitäten und Colleges, die mit größter Wahrscheinlichkeit pädagogische Berufe oder den Journalismus wählen. Die Vorlesungen, die sie an der Universität hören, verstärken diese Einstellungen genauso wie der spätere Umgang mit ihren Kollegen. Mit dieser beruflichen Sozialisierung ist zudem ein Schulungsprozeß verbunden, in dessen Rahmen sie lernen, ihre Kulturfeindlichkeit unter dem Deckmantel der gesellschaftlichen Reform und des Humanitarismus zu rationalisieren. Für diejenigen, die heute derartige Berufe wählen, gilt das in noch höherem Maße als vor zehn Jahren.[6] Professor Feuers Beschreibung der für sie typischen Persönlichkeit ist im großen und ganzen zutreffend. Meine eigenen Untersuchungen radikaler Studenten haben unter Verwendung projektiver Tests ergeben, daß sie sich durch ein starkes Machtstreben, wenig fürsorgliches Interesse für den Menschen als solchen, hohe Grade verallgemeinerter Feindseligkeit und ein beträchtliches Maß an Narzißmus auszeichnen.[7] Nicht auf alle Menschen in den Wissensberufen trifft diese Charakterisierung zu, und das vorliegende Beweismaterial scheint Professor Feuers Behauptung, der eigentliche Quell solcher Persönlichkeitsmerkmale sei stets ödipal, nicht zu unterstützen. Dies sind jedoch Aspekte von untergeordneter Bedeutung.

Solche Menschen werden leicht ein Opfer von Heilsideologien, weil sie als ›säkulare Intellektuelle‹ eines Ersatzes für die Religion bedürfen und weil Ideologien dieser Art eine Waffe gegen die Gesellschaft bieten. Und da sie die Kommunikationsmittel kontrollieren, geben sie ihr Unbehagen an die traditionelleren Gruppen innerhalb der Gesellschaft (einschließlich der Arbeiterklasse) weiter. Dies gilt vor allem für das Medium Fernsehen, das, wie Michael Robinson nachgewiesen hat, in einzigartiger Weise geeignet ist, den Glauben an das wirtschaftliche und politische System zu untergraben.[8]

Ein Versagen der Nerven

Professor Glazer hat sicherlich recht mit der Behauptung, die vorige Akademikergeneration (einschließlich anderer Berufsgruppen) sei gar nicht so radikal gewesen. Wirklich Radikale gab es tatsächlich nur *wenige.* Daß die Akademiker und andere Berufsgruppen es jedoch versäumten, wirksamen Widerstand gegen die Gegenkultur der 60er Jahre zu leisten, weist — ebenso wie ihre vorsichtige Sympathie für diese Gegenkultur — darauf hin, daß sie davon angesprochen wurden. Die ältere Generation war einfach erheblich sublimierter. Ihre Kinder — und einige Untersuchungen haben gezeigt, daß ihre Kinder in der Tat die Elite der Gegenkultur waren — handelten oft aus den Phantasien ihrer Eltern heraus. Es handelt sich um eine Art Generationsrevolte, aber nicht genau in der von Feuer beschriebenen Form. Und es sind ebendiese Intellektuellen, die internationalen Organisationen beitreten oder den Intellektuellen der Dritten Welt auf andere Weise die Idee übermitteln, der westliche Kapitalismus sei ausbeuterisch und müsse überwunden werden, während sie die gleichen Argumente einer neuen Generation von Studenten weitergeben.
Angesichts all dieser Dinge sind die Unternehmer in den fortgeschrittenen kapitalistischen Ländern ebenso wie ihre Kollegen in den weniger entwickelten Ländern ratlos.

Sie sind im großen und ganzen aktions- und leistungsorientierte Menschen mit wenig Einblick in die Macht der Ideen, die die Intellektuellen verbreiten, und es fällt ihnen schwer, sie erfolgreich zu bekämpfen.[9]
Mit alldem, was ich gesagt habe, unterstütze ich den von den Professoren van den Haag, Feuer und Bauer in bestimmten Fragen vertretenen Standpunkt, wenn ich auch einige zusätzliche Bemerkungen gemacht habe. Wenn wir überhaupt unterschiedlicher Meinung sind, dann nur insofern, als ich behauptet habe, daß die nichtrationalen Elemente einer marktfeindlichen Haltung für die Menschen möglicherweise natürlicher sind als die Persönlichkeit des Typs, die zur Unterstützung des liberalen Kapitalismus erforderlich ist. Und ihre eigenen Argumente deuten in der Tat darauf hin, daß dem so ist.
Die liberalen kapitalistischen Nationen des Westens sehen also relativ schweren Zeiten entgegen. Denn zu all dem oben Gesagten kommt noch hinzu, daß sich das Kräftegleichgewicht in der Welt vom Westen weg verlagert. Es gibt gute Gründe für die Annahme, daß der größte Teil der Dritten Welt dem Westen mit wachsender Feindseligkeit gegenüberstehen und sich für gesellschaftliche und politische Ordnungen entscheiden wird, die starke dirigistische Züge aufweisen. Dies bedeutet nicht notwendigerweise, daß Westeuropa und Amerika verloren sind. Es ist durchaus denkbar, daß sie eine Zeitlang Inseln der ›Rationalität‹ und gemischtwirtschaftlicher, wenn auch überwiegend marktwirtschaftlich orientierter Systeme bleiben, selbst in einer nichtmarktwirtschaftlichen Welt. Dafür wären jedoch sehr starke Nerven vonnöten, und daran fehlt es möglicherweise.
Letztlich sieht man sich also zu einer relativ pessimistischen Sicht der Dinge gezwungen. Angesichts der Unwahrscheinlichkeit eines Wiedererwachens der traditionellen westlichen Religiosität scheint unsere einzige Hoff-

nung in einer erhöhten Rationalität zu liegen. Insofern die Autoren der vorhergehenden Aufsätze bemüht waren, in diesem Band einige der nichtrationalen Quellen der Marktfeindlichkeit aufzudecken, haben sie dazu einen Beitrag geleistet.

Ihrem eigenen Eingeständnis zufolge sind die Chancen, daß diese ihre Anstrengungen große Früchte tragen werden, jedoch nicht allzu groß. In meinen eher negativen Überlegungsmomenten bin ich fast überzeugt, daß der liberale Kapitalismus in der Tat ein Kuriosum der Geschichte darstellt, ebenso wie ein frühes Experiment mit der Demokratie (Athen auf der Höhe seines Ruhmes), das in sich von vornherein den Keim seines eigenen Zerfalls trug.

Anmerkungen

Einleitung (Seiten 7—14)

[1] So wird beispielsweise die Sexualkunde an den Schulen häufig als Mittel empfohlen, irrationales, abnormes oder ungesundes Sexualverhalten durch rationale Aufklärung zu vermeiden oder zu heilen — als ob sexuelle Probleme durch Unwissen oder Irrationalität verursacht würden, die in Wirklichkeit zur Symptomatologie gehören. Unwissen oder Fehlverhalten in Dingen, die die meisten Menschen aus eigener Erfahrung lernen können — diese Fragen sind jetzt Gegenstand einer ausführlichen öffentlichen Diskussion —, sind wahrscheinlich ein Symptom emotionaler Probleme, die einer rationalen Unterrichtung vollkommen unzugänglich sind.

[2] Die Ökonomen, wie George Stigler, die sich doch die Frage stellen, worin der Erfolg der marktfeindlichen Kräfte begründet liegt, versuchen, ihn ausschließlich vom Standpunkt der rationalen wirtschaftlichen Interessen der Protagonisten zu erklären. Sie schenken Emotionen keine Beachtung oder behandeln sie als notwendigerweise abhängige Variablen.

[3] Wittgensteins ›therapeutischer‹ Einsatz der Philosophie war nicht ›therapeutisch‹ im psychologischen Sinne. Er heilte falsches Argumentieren bei denjenigen, deren Störung eher philosophisch als psychologisch war.

[4] Ausnahmen wie Spencer und die klassische amerikanische Soziologie lasse ich hier bewußt beiseite: Sie haben allen Einfluß, den sie je besaßen, auch in ihren eigenen Ländern, verloren!

[5] Das gesamte Frankfurter Institut — Horkheimer, Adorno,

von Marcuse ganz zu schweigen — und andere gaben sich alle nur erdenkliche Mühe, eine Synthese zwischen Psychoanalyse und Marxismus herzustellen.

Verwirrung, Neid, Furcht und Verlangen (Seiten 15—41)

1 Nicht immer, wie die Haltung der Sportfans bezeugt. Eine psychologische Erforschung der durch die Chancengleichheit und ungleiche Ergebnisse hervorgerufenen Gefühle ist dringend erforderlich. Während man in der Zwischenzeit für die Chancengleichheit ein Lippenbekenntnis ablegt, werden Einwände gegen die ungleichen Ergebnisse normalerweise mit der Behauptung rationalisiert, die ungleichen Ergebnisse seien *ipso facto* ein Beweis dafür, daß es keine Chancengleichheit gegeben habe.

2 Vgl. Freuds ›Narzißmus der kleinen Unterschiede‹ oder Tocquevilles zahlreiche Verweise auf diese Erfahrung. Zu beachten ist außerdem, daß bei einer Eliminierung aller Einkommensunterschiede andere grundlegende Unterschiede sehr stark ins Blickfeld geraten und statt dessen Ressentiments hervorrufen würden.

3 Goethes Mephisto war naiv, als er sagte: »Grau, teurer Freund, ist alle Theorie und grün des Lebens goldener Baum.« Die Phantasie (ob Theorie genannt oder nicht) kann grüner sein als das Leben, denn sie kann ihre leuchtenden Farben allein durch Wunschvorstellungen erhalten.

Die Marktfeindlichkeit in den weniger entwickelten Ländern (Seiten 53—81)

1 Dem neueren und gängigen Sprachgebrauch zufolge werden weite Teile Afrikas, Asiens und Lateinamerikas in einen Topf geworfen und entsprechend einem nach konventionellen Maßstäben gemessenen niedrigeren Einkommensniveau als weniger entwickelte Länder, weniger entwickelte Welt oder Dritte Welt bezeichnet. Diese Terminologie und die weltweite Aggregation äußerst unterschiedlicher Größen ist irreführend und abzulehnen. Es ist mir in diesem Fall nicht möglich, diese wenig glückliche Ausdrucksweise zu vermeiden.

Ihre Mängel beeinträchtigen die Sachargumentation nicht. Ich werde den Ausdruck ›Quelle der Feindseligkeit gegenüber dem Markt‹ für bestimmte Ideen, Einstellungen, Haltungen und Zustände wie auch für die Organisationen und Einrichtungen verwenden, die diese Feindseligkeit fördern. Ich hoffe, daß jeweils aus dem Kontext ersichtlich ist, um welche Art von Einfluß es sich handelt.

2 Mit internationalen Organisationen sind in diesem Aufsatz durchweg die offiziellen staatlichen Organisationen gemeint.

3 *Development and Underdevelopment* (Kairo: National Bank of Egypt, 1956), Seite 63

4 *An International Economy* (London: Routledge and Kegan Paul, 1956), Seite 201

5 *Quiet Crisis in India* (Washington: The Brookings Institution, 1962), Seite 28. Professor Lewis bezieht sich auf die Entwicklungsplanung in Indien. Die Behauptung, die Aufrechterhaltung einer Wachstumsperspektive durch die Regierung — was immer das heißen mag — sei die einzige unerläßliche Voraussetzung für wirtschaftliche Entwicklung, kann unmöglich stimmen. Professor Lewis, der früher Distinguished Service Professor of Economics an der Universität Indiana und Leiter ihres mit Hilfe der Ford-Stiftung gegründeten Forschungszentrums für Internationale Entwicklung war, wurde später Dean der Woodrow Wilson School in Princeton.

6 *The Economics of Underdeveloped Countries* (London: Weidenfeld and Nicholson, World University Library, 1966), Seite 244. Professor Bhagwati, ein international angesehener Nationalökonom, ist ordentlicher Professor für Wirtschaftswissenschaften am Massachusetts Institute of Technology. Früher war er ordentlicher Professor in Delhi und an einigen internationalen Vorhaben beteiligt. Das Buch, aus dem ich hier zitiere, wurde in vielen Ländern veröffentlicht.

7 Daß diese Gruppen sich auch von einheimischen und zu Besuch weilenden marktorientierten Akademikern distanzieren, wirkt sich nachteilig auf das Ansehen und die Wirksamkeit selbst angesehener Akademiker aus, die wohlvorbereitet und mit den örtlichen Verhältnissen vertraut sind. Meiner eigenen Erfahrung zufolge ist dies, sofern der Besucher darauf gut vorbereitet ist, häufig weniger wichtig, als es den Anschein haben mag.

Es kommt jedoch häufig vor, daß die marktorientierten Besucher unzureichend vorbereitet sind. So sind sie vor allem mit der örtlichen Szenerie nicht vertraut, was nachteilige Folgen haben kann. Den Gegnern des Marktes sieht man Unzulänglichkeiten nach, die man seinen Anhängern nicht vergibt.

8 Vgl. die bereits zitierten Ausführungen von Professor Myrdal.

9 Hauptbeispiele sind die weitverbreitete Genehmigungspflicht wirtschaftlicher Tätigkeit und staatliche Handelsmonopole, Ausfuhrmonopole für landwirtschaftliche Erzeugnisse eingeschlossen. Letztere wurden praktisch in ganz Britisch-Afrika sowie in Burma und einigen anderen Gebieten eingeführt, hatten jedoch auf den Exportmärkten keine bedeutende Monopolstellung inne. Allerdings sind sie nach wie vor zum Alleinankauf der ihnen unterstehenden Erträge berechtigt, d. h., sie verfügen über Monopolgewalt über die Erzeuger.

10 Scharfsichtige und sich ausdrücklich auf dieses Thema beziehende Beobachtungen seitens früherer Kolonialbeamter werden in meinem Buch *Dissent on Development* (Cambridge/Mass.: Harvard University Press, 1972), vor allem in dem Aufsatz Nr. 14: ›Background to Exodus‹, zitiert.

11 Die Überlegung, ob die weniger entwickelten Länder eher als Verbündete oder als Werkzeuge anzusehen sind, ist in diesem Zusammenhang müßig. Verbündete sind sie insofern, als ihre Sprecher sich zu artikulieren verstehen, vor allem wenn sie vom Westen übernommene Standpunkte vertreten oder von diesem entsprechend präpariert wurden. Andererseits sind ihre Ressourcen häufig so dürftig und stammen so weitgehend vom Westen, daß man sie als Werkzeuge ansehen kann. Die häufig festzustellende und offenkundige mangelnde Besorgnis ihrer Schirmherren im Westen bezüglich der Folgen vieler der von ihnen unterstützten politischen Maßnahmen in der Dritten Welt ist wiederum ein Anzeichen dafür, daß sie die Völker der weniger entwickelten Länder eher als Werkzeuge denn als Verbündete ansehen (siehe den Schlußteil dieses Aufsatzes).

12 1958 fragte ich einen hochgebildeten und sehr hilfsbereiten indischen Nationalökonomen in Delhi nach Gesetzen, die das Schlachten von Kühen oder Vieh allgemein in den meisten großen Staaten Indiens, einschließlich des größten, ver-

bieten. Obwohl diese Gesetze allgemein bekannt sind und in der indischen Presse darüber ausführlich berichtet worden war (wenn im Westen auch viele Jahre lang nichts davon verlautete), stritt er erst ihr Vorhandensein und dann seine Kenntnis dieser Gesetze ab. Auf weiteres Befragen brach er buchstäblich zusammen und bat mich, ihn nicht an seine Isolierung von der großen Mehrheit seiner Landsleute zu erinnern.

13 Dieser Faktor bei der Anziehungskraft des Marxismus-Leninismus ist das Thema einer tiefgründigen Untersuchung von Czeslaw Milosz mit dem Titel *The Captive Mind* (London: Secker and Warburg, 1953).

14 Vgl. beispielsweise die Ausführungen der weithin bekannten Akademiker Paul A. Baran und Peter Townsend, zitiert in meinem Artikel ›Western Guilt and Third World Poverty‹, in Commentary, Januar 1976.

15 In einem Großteil der heutigen Diskussion werden die Menschen in den weniger entwickelten Ländern inzwischen als Proletariat angesehen, das *per definitionem* ausgebeutet wird. In Wahrheit handelt es sich bei der Mehrheit dieser Menschen um Kleinbauern und nicht um von Kapitalisten beschäftigte Arbeiter.

16 So ist im Kontext der Dritten Welt die Vorstellung von Ausbeutung als einer Ursache für Rückständigkeit eher leninistisch als marxistisch. Marx hat die Bedeutung des Kapitalismus für die Förderung materiellen Fortschritts in rückständigen Gesellschaften mit ziemlich klaren Worten anerkannt.

17 Die Bedeutung von Auslandskontakten für die Entwicklung vieler armer Länder wird in meinem Artikel ›Western Guilt and Third World Poverty‹ in *Commentary*, Januar 1976, erörtert.

18 Mit Entwicklungshilfe ist stets die offizielle staatliche Wirtschaftshilfe gemeint.

Einige irrationale Quellen der Opposition gegen die marktwirtschaftliche Ordnung (Seiten 95—138)

1 William Morris, *Selected Writings and Designs*, herausgegeben von Asa Briggs (Harmondsworth: Penguin, 1962), Seiten 149, 150.

[2] Ebd., Seite 149.

[3] Erich Fromm, *The Sane Society* (New York: Fawcett Reprint, 1955), Seite 111.

[4] *Current Biography* (New York: H. W. Wilson, 1969), Seite 282.

[5] Bernard Landes und Edward S. Tauber (Hrsg.), *In the Name of Life: Essays in Honor of Erich Fromm* (New York: Holt, Rinehart & Winston, 1971), p.x.

[6] Karl Marx u. Friedrich Engels, *Correspondence 1846—1895*, übersetzt von Dona Torr (New York: International Publications, 1935), Seite 91.

[7] George Bernard Shaw, *Everybody's Political What's What* (London: Constable and Company, 1945), Seiten 283—285.

[8] Thorsten Veblen, *Essays in our Changing Order*, herausgegeben von Leon Ardzrooni (New York: Viking Press, 1934), Seiten 439—444.

[9] Ebd., Seite 403.

[10] Herbert Marcuse, ›Ecology and Revolution‹, in *Liberation*, Band 17, Nr. 6, September 1972, Seiten 10—12.

[11] *Prawda*, 26. Juni 1970. Zitiert in John M. Kramer, ›Environmental Problems in the USSR: The Divergence of Theory and Practice‹, in *The Journal of Politics*, Band 36 (1974), Seite 890. »Die Betriebsleiter wissen, sofern sie ihre Planziele erfüllen, daß ihre dankbaren Ministerien sich nicht beschweren werden . . .«, ebd., Seite 891.

[12] Die ausgezeichnete Psychiaterin Helene Deutsch kannte und beobachtete zwei der herausragenden Frauengestalten der sozialistischen Bewegung vor dem Ersten Weltkrieg, Rosa Luxemburg und Angelica Balabanoff. Sie stellte fest, wie Rosa »ihre adoleszente Rebellion von ihrer Familie auf die gesamte bürgerliche Gesellschaft übertrug«; Rosa hätte, wie sie hinzufügt, ein »gutes Thema für eine psychoanalytische Biographie abgegeben«; ihr Haß auf ihre adlige Mutter war so stark, daß er sie in ihrer Jugend zu »einem Leben freiwilliger Armut und freiwilligen Leidens« trieb. *Confrontations with Myself* (New York: Norton, 1973), Seiten 98 und 101. Auch Dr. Deutschs eigener politischer Aktivismus hat seinen Ursprung, wie sie schreibt, »in einer heftigen adoleszenten Rebellion« gegen ihre Eltern; während sie ihre Mutter haßte, hatte sie eine »gefährliche Liebe« zu ihrem Vater. Ebd., Seiten 80, 85.

[13] Erich Fromm, *The Sane Society* (New York: Fawcett Reprint, 1955), Seite 108.

[14] Karl Marx, *Capital*, Seite 148. ›Economic and Philosophical Manuscripts of 1844‹, übersetzt von Martin Milligan (Moskau: Foreign Languages Publishing House, 1961), Seite 137.

[15] Fromm, a. a. O., Seite 120.

[16] »Mario und ich, die wir beide an der Universität von Kalifornien gekämpft haben, flippten zur gleichen Zeit aus und endeten als Engagierte innerhalb des Systems«, schreibt Schmorleitz in *The New York Times*, 12. Oktober 1974.

[17] Lewis S. Feuer, ›Student Unrest in the United States‹, in *The Annals of the American Academy of Political and Social Science*, Band 404 (November 1972), Seiten 171 — 173.

[18] a. a. O. Dotson Rader berichtet, er habe unter seinen aktiven Genossen siebzehn Selbstmorde gezählt. ›Firing Line‹, Public Television Station WNET N. Y., 24. April 1976.

[19] *The Varsity*, Toronto, 7. Januar 1976: »Vor der Psychotherapie und EST wußte ich nicht, wo meine Eltern aufhörten und ich anfing ... In dem Maße, wie ich älter werde, komme ich dem kleinen Jungen in mir näher und näher ... Wir kämpften um Aufmerksamkeit wie Mediensüchtige nach einem Schuß.
Wir mußten den selbstzerstörerischen Drang in uns stets bekämpfen. Abbie, wer weiß, welche unglaublichen inneren, seelischen Gründe dich in den Untergrund getrieben haben?« Jerry Rubin, ›To Abbie Hoffman, Wherever He's Hiding Out‹, in *The New York Times*, 24. Januar 1976. Vgl. auch *The New York Times*, 11. Februar 1976.

[20] *The New York Times*, 5. Mai 1973. Michael Rossman, ›Bliss and Fear in Berkeley‹, in *Social Policy* (September—Oktober 1974), Band 5, Nr. 3, Seiten 33—37. Andrew Kopkind, ›Mystic Politics: Refugees from the New Left‹, in *Ramparts*, Band 12 (Juli 1973), Seite 50.

[21] »›Ich bleibe mit der Linken in Kontakt‹, sagte er ... ›Es gab damals eine Menge Nervenzusammenbrüche. Eine Menge.‹« Hartley Steward, ›The Quiet Campus‹, in *The Toronto Star*, 12. Mai 1973.

[22] Kirkpatrick Sale, SDS (New York: Random House, 1973), Seiten 345, 349.

[23] Ebd., Seite 7.

[24] Sale, ebd., Seite 292.

[25] Ebd., Seite 580.

[26] John Kifner, ›Vandals in the Mother Country‹, in *The New York Times Magazine*, 4. Januar 1970, Seite 15 ff.

[27] Bernardine Dohrn, von 1968 bis 1969 Sekretärin des SDS, sagte, die ›Weathermen‹ hätten Manson ›gemocht‹, weil er auf ödipale Weise ›schrecklich‹ inzestuös sei, und auch wegen der Brutalität seiner Morde: »Verstehst du, erst töteten sie diese ›pigs‹, dann aßen sie im gleichen Raum zu Abend, und dann stießen sie sogar eine Gabel in den Bauch eines Opfers! Irre!« In *The Militant*, 16. Januar 1970, Seite 12. *The New York Times*, 11. März 1970.

[28] Sale, ebd., Seite 350.

[29] Ebd., Seite 206. Ein typisches ›Yippie‹-Flugblatt, welches 1968 in Chicago zur Zeit der Demonstrationen gegen den Parteitag der Demokraten zirkulierte und das von Tom Hayden, dem Präsidenten des SDS und späterem Mitglied der ›Chicago Seven‹, wegen seiner ›wunderschönen Gefühle‹ gelobt wurde, läutete die allgemeine Generationsrevolte ein: »Seid ungehorsam gegen eure Eltern. Verbrennt euer Geld. Ihr wißt, daß das Leben ein Traum ist und daß alle unsere Institutionen von Menschen geschaffene Hirngespinste sind, wirksam deswegen, weil ihr den Schaum für die Wirklichkeit haltet. Reißt die Familie, die Kirche, die Natur, die Stadt, die Wirtschaft nieder, verwandelt das Leben zu einer Kunstform ... Der Revolutionär ist nur ein Künstler. Was gebraucht wird, ist eine Generation von Leuten, die spinnös, verrückt, irrational, sexy, zornig, unreligiös, kindlich und wahnsinnig sind. Leute, die die Einberufungsbescheide verbrennen, die Schulen anzünden und ihre Zeugnisse, Leute, die sagen: ›Zum Teufel mit euren Zielen!‹ Leute, die die Jugend mit Musik, Drogen und Hasch anlocken, Leute, die das Normale neu definieren, Leute, die mit dem Status-königlicher-Titel-Konsum-Spiel Schluß machen, Leute, die ... mehr mit ausgeplünderten Indianern gemeinsam haben als mit ihren Eltern. Brennt eure eigenen Häuser nieder und ihr werdet frei sein.« Tom Hayden, *Rebellion and Regression;* Tom Hayden vor der ›Nationalen Kommission für die Ursachen und die Verhütung von Gewalt‹ und vor dem ›Ausschuß des Repräsentenhauses für unamerikanische Aktivitäten‹ (New York: The World Publishing Co., 1969), Seite 186.

[30] Der Ausdruck ›Gleichheit der Bedingungen‹ wurde erstmals

offensichtlich von dem ästhetischen Sozialisten William Morris verwandt. Vgl. William Morris, a. a. O., Seite 33.

31 Sale, a. a. O., Seiten 88—89, 468.

32 Sale, a. a. O., Seite 350.

33 Nicholas Basingstoke, ›Is The New Left Really *That Good?*‹, in *The Young Radicals* von Kenneth Keniston, in *Liberation,* 1. Mai 1969, Seiten 32—34. Martin Duberman, *Youth and Dissent,* N. Y. Times Book Review, 2. April 1973, Seite 4.

34 Sylvan Keiser, ›Superior Intelligence: Its Contribution to Neurogenesis‹, in *Journal of the American Psychoanalytic Association,* Band 17, Seiten 452—473.

35 John Winthrop Hammond, *Charles Proteus Steinmetz* (New York: Center, 1924), Seite 71 ff. James Burkhard Gilbert, *Designing the Industrial State: The Intellectual Pursuit of Collectivism in America 1880—1940* (Chicago: Quadrangle Books, 1972), Seite 194.

36 Andrej D. Sacharow, *My Country and the World,* übersetzt von Guy V. Daniels (New York: Random House, Vintage ed., 1975), Seite 31.

37 Im akademischen Jahr 1974 veranstaltete eine kanadische Unternehmensberatungsfirma eine Untersuchung über die Einstellung der Universitätsstudenten zur Wirtschaft. In acht Colleges in Ontario wurden mehr als 1000 Studenten befragt. Die Firma stellte tatsächlich eine weitverbreitete antikapitalistische Haltung fest: 77% der Studenten beurteilten die Gesamtleistung der kanadischen Wirtschafts- und Geschäftsleute negativ; 86% waren der Auffassung, das Profitmotiv habe der Gesellschaft mehr geschadet als genützt; 85% lehnten die traditionelle Bedeutung und die mit dem Arbeitsethos in der Gesellschaft verbundenen Wertvorstellungen ab; 62% hatten in den letzten zwei Jahren eine negativere Einstellung gegenüber der Wirtschaft entwickelt. In ›Business: Phoenix or Fossil‹, in *Like It Is,* Band 1, Nr. 14 (1975), Seite 23.

38 Der strenge marxistische Kommunismus war beispielsweise »im Bereich von Boston stark« und »in den studentischen Verbindungen von Harvard/Radcliff stets gut vertreten«, da (angeblich) »nur die Söhne und Töchter der Aristokratie genügend Schuld empfinden, um disziplinierten Parteien beizutreten, die sich für die arbeitenden Massen abplagen . . .« Sale, a. a. O., Seite 539.

[39] Ross Terrill, *R. H. Tawney and His Times: Socialism as Fellowship* (Cambridge, Mass.: Harvard University Press, 1973), Seiten 22, 36—37.

[40] J. M. Winter, *Socialism and the Challenge of War* (London: Routledge and Kegan Paul, 1974), Seite 86.

[41] Joseph Starobin, *American Communism in Crisis, 1943—1957* (Cambridge, Mass.: Harvard University Press, 1972), Seiten 234, 240.

[42] Nathan Glazer hat argumentiert, daß »ein beliebiger Zufall aus einem Dutzend Zufälle — wie beispielsweise, welche Freunde oder welchen Onkel man hatte, wer die besten gesellschaftlichen Veranstaltungen organisierte, welche Gruppen sich in der Nähe befanden — aus einem jungen Mann einen Sozialisten, aus einem anderen einen Kommunisten und aus einem dritten einen Anhänger von Lovestone machen können«. Vgl. *The Social Basis of American Communism,* (New York: Harcourt Brace, 1961), Seite 40. In Wirklichkeit waren Charakter und Intelligenz die ausschlaggebenden Faktoren. Die Anhänger Lovestones waren am stärksten politisch ausgerichtet, und ihre Intellektuellen stellten den größten Teil einer im späteren Verlauf des Ersten Weltkrieges entstandenen Gruppe; zu den Trotzkisten zählten die brillantesten literarischen Intellektuellen der Zeit vor der großen Weltwirtschaftskrise und in ihren Anfängen. Die Kommunisten mit ihrer strengen Orthodoxie und ihrem Siegesversprechen wiesen den höchsten Prozentsatz von Durchschnittsmenschen auf. Während sich die nichtakademischen Intellektuellen zu den Trotzkisten hingezogen fühlten, gerieten die akademischen Intellektuellen eher in den stalinistischen Bannkreis, entweder als Kommunisten oder als Mitläufer. In den späten 30er Jahren gilt dies ganz besonders für die Universität Harvard; David Prall, F. O. Matthiessen und Paul M. Sweezey zählen zu den bekanntesten Beispielen, aber sie waren ebenso bekanntlich keine Trotzkisten. An der Universität Columbia, wo es einige jüdische Marxisten mit einer langen politischen Tradition gab, hatten einige erfahrene Trotzkisten auf die politische Landschaft Einfluß. Im City College gab es 1939 jedoch eine große Gruppe Kommunisten, bei denen es sich überwiegend um Juden, nicht aber um Trotzkisten handelte; im Vergleich zu diesen waren sie jünger und geistig weniger beweglich und verdankten ihre

Positionen häufig dem raschen Ausbau der städtischen Colleges während der Weltwirtschaftskrise.

43 Starobin, a. a. O., Seite 199.

44 Andrej Amalrik, ›Will The U.S.S.R. Survive Until 1984?‹, in *Survey*, Nr. 73 (Herbst 1969), Seiten 54—56, 62—63.

45 Sacharow, a. a. O., Seite 30.

46 *Problems of Communism*, Band XVII (September—Oktober 1968), Seite 48.

47 Shores A. Medwedew, *The Rise and Fall of T. D. Lysenko*, übersetzt von Michael Lerner (New York: Columbia University Press, 1969), Seite 142. Vgl. auch Seiten 56, 129.

48 George Gamow, *My World Line: An Informal Autobiography* (New York: Viking Press, 1970), Seiten 93—99, 120.

49 Alexander D. Solschenizyn, *The Gulag Archipelago*, übersetzt von Thomas P. Withney, Bände I—II (New York: Harper and Row, 1974), Paperback-Ausgabe, Seite 73.

Kommentar zu ›Einige irrationale Quellen der Opposition gegen die marktwirtschaftliche Ordnung‹ (Seiten 139—158)

1 Vgl. Dale Vree, ›*Ten Years After the Free Speech* Movement: Reflections of a Participant‹, in: *Worldview*, 17 (November 1974), Seiten 25—30.

Der Kapitalismus und seine Feinde (Seiten 159—191)

1 Vgl. David Lane, *The End of Inequality?* (Penguin Books, 1971). Eine hervorragende Erörterung von Aspekten der Einkommensverteilung in der Sowjetunion und in China findet sich bei Mervyn Matthews, ›Top Incomes in the USSR: Towards a Definition of the Soviet Elite‹, in *Survey* (Sommer 1971), Seiten 1—27, und bei Martin King Whyte, ›Inequality and Stratification in China‹, in *The China Quarterly* (Dezember 1971), Seiten 684—711.

2 Joseph R. Levinson, *Modern China and Its Confucian Past* (New York: Anchor Books, 1964).

3 Es sollte jedoch darauf hingewiesen werden, daß Doktrinen dieser Art in Frankreich und England in sehr viel höherem Ansehen standen und daß in diesen Ländern ein größerer Pro-

zentsatz von Intellektuellen der Dritten Welt studierte als in den Vereinigten Staaten. Da viele der führenden Politiker der Dritten Welt in den 40er und sogar in den 30er Jahren studierten, befanden sie sich zu einem Zeitpunkt in England und Frankreich, wo der in den 50er Jahren zu verzeichnende Niedergang des Marxismus und verwandter Doktrinen noch ausstand.

4 Vgl. Fred Weinstein und Gerald M. Platt, *The Wish to be Free* (Berkeley: University of California Press, 1969).

5 Daniel Bell, *The Cultural Contradictions of Capitalism* (New York: Basic Books, 1976).

6 Insgesamt gibt es sehr wenige wissenschaftliche Untersuchungen über die Soziologie und Psychologie der ›Wissens‹-Berufe. Everett Carll Ladd und S. M. Lipset haben eine umfangreiche Untersuchung über Lehrer mit dem Titel *The Divided Academy* (New York: McGraw Hill, 1975) fertiggestellt, aber etwas Vergleichbares über Journalisten existiert nicht.

7 Vgl. Stanley Rothman u. a., ›Ethnic Variations in Student Radicalism‹, in *Sources of Contemporary Radicalism,* (Boulder, Colorado: The Westview Press, 1977), herausgegeben von Severyn Bialer. Ein umfassenderer Bericht über meine Untersuchung wird in einem Band mit dem Titel *The Radical Impulse* von der Oxford University Press erscheinen. Mit einigen anderen Kollegen zusammen habe ich außerdem nach dem Muster meiner Untersuchung über die Studentenschaft eine Untersuchung über die Medienelite begonnen.)

8 Michael J. Robinson, ›American Political Legitimacy in an Era of Electronic Journalism: Reflections on the Evening News‹, in *Television as a Social Force* (New York: Praeger, 1975), herausgegeben von Richard Ader, Seiten 97—139.

9 Die ›liberaleren‹ unter ihnen vertreten die verhältnismäßig naive Auffassung, Gesellschaftswissenschaftler seien ›objektiv‹, und erwarten, die ›wirkliche‹ Kenntnis der Geschäftswelt werde das Image des Kapitalismus verbessern. Woraufhin sie von Gesellschaftswissenschaftlern geleitete Stiftungen gründen und über die dann produzierten Untersuchungen schokkiert und entsetzt sind. Dies ist keineswegs überraschend, wenn man bedenkt, daß die Gemeinschaft der Gesellschaftswissenschaftler von Leuten beherrscht wird, die sich für durchaus liberal, wenn nicht radikal halten. Aus diesen und anderen Gründen bauen die soziologischen Untersuchungen,

die jedes Jahr zu Hunderten erscheinen, auf Prämissen auf, die häufig und *per definitionem* eine negative Sicht des Systems unterstützen.

Die Autoren

Peter Bauer ist Professor für Wirtschaftswissenschaften an der London School of Economics und Mitglied des Gonville and Caius College der Cambridge University sowie der British Academy. Er ist Co-Autor (in Zusammenarbeit mit B. S. Yamey) des klassischen Werkes *The Economics of Under-Developed Countries* und schreibt regelmäßig Beiträge für wissenschaftliche Zeitschriften im In- und Ausland.

Lewis S. Feuer ist Professor für Geistes- und Gesellschaftswissenschaften an der University of Virginia. Er lehrte an der Harvard University, der University of California in Berkeley und der University of Toronto. Er veröffentlichte u. a. *The Conflict of Generations, Marx and the Intellectuals* und *Ideology and the Ideologists.*

Nathan Glazer ist Professor für Pädagogik und Soziologie an der Harvard University und Co-Autor von *The Public Interest.* Zu seinen Arbeiten zählen Werke wie *The Lonely Crowd* und *Faces in the Crowd* (beide in Zusammenarbeit mit David Riesman), *Beyond the Melting Pot* (zusammen mit Daniel Patrick Moynihan) und *Affirmative Discrimination.*

Ernest van den Haag, der Herausgeber des vorliegenden Buches, ist Gastprofessor für Strafrecht an der State University of New York in Albany und Professor für Jura an der New York Law School. Er hat in Wirtschaftswissenschaften promoviert und unterrichtet außerdem Soziologie und Psychologie an der New School for Social Research. Er ist praktizierender Psychoanalytiker und Mitglied des Rates für Auswärtige Beziehungen sowie Mitglied des Herausgeberstabs der *Policy Review.* Er veröffentlichte zahlreiche Aufsätze in wissenschaftlichen Zeitschriften im In- und Ausland. Sein neuestes Buch ist *Punishing Criminals.*

Stanley Rothman ist Professor für Soziologie und Verwaltungswissenschaften am Smith College. Zu seinen Veröffentlichungen zählen Beiträge in vielen wissenschaftlichen Zeitschriften und das Buch *European Society and Politics.*

Roger Starr war Leiter des Wohnungs- und Stadtentwicklungsamtes New York City und ist Professor für Stadterhaltung am Henry-Luce-Lehrstuhl der New York University. Als Mitherausgeber der *New York Times* publiziert er auf breiter Ebene.

Dale Vrees neuestes Buch ist *Synthesizing Marxism and Christianity.* Er ist geschäftsführender Herausgeber der *New Oxford Review* und Professor für christliche Sozialethik am Anglican Theological College in Berkeley, Kalifornien.